Christian Felix Weisse

Die verwandelten Weiber oder der Teufel ist los

Christian Felix Weisse

Die verwandelten Weiber oder der Teufel ist los

ISBN/EAN: 9783744702836

Hergestellt in Europa, USA, Kanada, Australien, Japan

Cover: Foto ©Thomas Meinert / pixelio.de

Weitere Bücher finden Sie auf **www.hansebooks.com**

Die
verwandelten Weiber

oder

der Teufel ist los.

Eine

komische Oper

in drey Aufzügen.

von C. F. Weise.

Prag.

Gedruckt u. Verlegt bey Joseph Eman. Diesbach
in der Altstadt auf den kleinen Ringl. Nro. 225.

1785.

Die
verwandelten Weiber
oder
der Teufel ist los.

Eine
komische Oper
in drey Aufzügen.

Perſonen.

Herr von Liebreich, ein Landedelmann.
Frau von Liebreich, deſſen Gemahlinn.
Jobſen Zeckel, ein Schuhflicker.
Lene, deſſen Frau.
Mikroskop, ein Zauberer.
Bellner,
Boch,
Butſcher, } des Herrn von Liebreich.
Bedienter,
Hannchen,
Lieschen, } Mädchen der Frau von Liebreich.
Andreas, ein blinder Muſikante.
Verſchiedene Bediente, Unterthanen und
Nachbarn des Herrn von Liebreich.
Etliche Geiſter.
Der Schauplaz iſt bald in des Herrn von Lieb-
reichs Hauſe, bald in des Schuhflikers
Wohnung.

Nach dem Devil to pay, or; the Wives me-
tamorphoſed des Herrn Coffey.

Er=

Erster Aufzug.

Des Schuhflickers Haus.

Erster Auftritt.

Jobsen. Lene.

Lene.

Ich bitte dich, — liebster Jobsen, bleib' immer diesen Abend bey mir, und mache dich einmal zu Hause lustig!

Jobsen.

Halt's Maul, Frau, denn fehlt mir's an Draht so soll dir's übel bekommen.

Lene.

Ach ja, das weiß ich wohl! Wenn du in die Schenke läufst, das deinige verthust, und voll wie ein Sack wieder heim kömmst, so bist du kein Mensch, und hälst auch andere nicht dafür.

Jobsen.

Wie? willst du raisonniren, Rabenaas? Weißt du wohl, daß ich König und Herr in meinem Hause bin?

Lene.

König und Herr? — ja, du siehst einem ähnlich! doch — noch einmal Jobsen, geh' immer diesen Abend nicht in die Schenke!

Jobsen.

Gut, ich will dir folgen; aber werde mir nicht stolz darauf! Zu Hause werde ich zwar nicht bleiben; aber —

Lene.

Aber, da bin ich gebessert. Wenn du nicht in der Schenke trinkst, so trinkst du bey deinen Saufbrüdern: nicht wahr?

Jobsen.

Halt's Maul, Herr! du wirst doch nicht verlangen, daß ein Mann, wie ich, deinetwegen kei-

ne

ne Aſſamblee mehr beſuchen ſoll? Ich bin dieſen A-
bend zu des Junkers Liebreichs Kellner gebeten, und
da will ich mich recht fürſtlich in Punſch betrinken.
Wir ſollen einen Napf haben, ſo groß, ſo groß,
daß man drinnen ſchwimmen kann.

Lene.

Aber, lieber Mann, die Leute ſprechen ja, die
neue gnädige Frau ließ niemand über ihre Schwelle,
ſie gönnte ihren Bedienten nicht einen Trunk Ko-
ſent, und hätte ſchon manchen mit blutigem Kopfe
fortgeſchickt, weil ſie nur nach Biere gerochen hätten?

Jobſen.

Freylich wohl dem guten Junker hat ſie auch
ſchon den Kopf ganz verrückt. Aber, dem Himmel
ſey Dank! ſie ſchmauſt einmal bey ihren Verwand-
ten in der Nachbarſchaft, und da wird ſie doch der
Henker vor Abends nicht nach Hauſe führen. So
eine Gelegenheit darf man nicht verſäumen. Wenn
die Katze nicht zu Hauſe iſt, tanzen die Mäuſe auf
Tiſch und Bänken. Wir haben einen Muſikanten
beſtellt, und werden, wie die Böcke, herumſprin-
gen.

Lene.

O lieber Mann, laß mich mitgehen! Du weißt,
ich tanze ſo gerne.

A 4 　　　　　　　Jobſen

Jobsen.

Wie? gu wollteſt in eine Geſellſchaft von ſol-
chen glattbärtigten Kerlchen gehen, die nichts thun,
als eſſen, trinken und ſchlafen? nein, nein; ich
will kein Thier mit Hörnern werden.

Lene.

Ach! ich würde ihnen willkommen ſeyn! du haſt
mir ſchon ſeit unſrer Hochzeit verſprochen —

Jobſen.

Nichts, nichts habe ich Verſprochen. Kein Wort
weiter! — Geh' und ſpinne, oder mein Knieriem
ſoll ſich erſchrecklich um dich herum winden.

Das allerbeſte Weib bleibt doch
 Des Mannes ärgſte Plage;
 Doch quält ſie ihn mit Zank und Schrey'n;
 So häng' er ihr den Brodkorb hoch,
 Vergeß auch nicht mit jedem Tage
 Sie zehnmal, zehnmal durchzublä'un.

Lene.

Ja ja, wir armen Weiber ſind immer die Skla-
binnen der Männer.

Immer Bier und Brantewein
 Muß den Herren zu Dienſten ſeyn:

Abe

Aber wir
Sitzen hier,
Dürfen uns niemals erfreun,
Und wenn wir darüber schrey'n;
Weh uns armen Weiberlein! —

Die Hofmädchen sind gewiß auch dabey, und wer
weiß, was vorgeht, weil ich nicht dabey seyn soll.

Jobsen.

Ich glaube gar, das Ding läßt sich einfallen,
eifersüchtig zu seyn? Ich rathe dir! — Und wenn
mir's auch einfiele, einer an's Kinn zu greifen, weißt
du wohl, daß dazu eine Frau nicht muchsen darf?

Lene.

So? Je nun, so kann ich mir auch einmal die
glattbärtigen Kerle lassen an's Kinn greifen.

Jobsen.

Ah! das ist was ganz anders. Was ich thun
kann, darfst du dir nicht thun lassen. Du mußt
wissen, daß der grosse Morgel ein ganzes Regi-
ment von Weibern hat, und ich bin mehr, als
zehn grosse Morgels: denn er ist doch nichts weiter, als ein blinder Helde, der in die Hölle kömmt.

Lene.

Ich möchte auch wissen, was er mit fünfzig
Weibern anfangen wollte?

Jobsen.

Jobsen.

Was, was, du Närrinn? Sie schreyen ihm die Ohren voll, und er klopfet sie der Reihe nach durch.

Lene.

Pfuy, Zeckel! Ich möchte keinen grossen Morgel zum Manne haben; und wenn ich funfzig Männer haben könnte, so würdest du mir doch immer der liebste seyn,

Jobsen.

Nun, das ist brav, Lene, Ich verspreche die ich will kein grosser Morgel werden. Du verdienst, daß ich großmüthig gegen dich bin: (Er suchet die Schubsäcke durch.) da, Lene, hast du sechs Pfennige; thue dir was zu gute, weil ich nicht zu Hause bin.

Lene.

Ja, für sechs Pfennige, das wird was rechts werden!

Jobsen.

Wie, Närrinn? bist du so reich, daß sechs Pfennige für dich nichts sind? — meine ganze Kasse! Kaufe dir für einen Pfennig Aepfel, für einen Pfennig Pflaumen, für einen Pfennig eine Semmel, und für drey Pfennige ein Nössel-Bier, so

hast

haſt du ein fürſtlich Traktement. Kneip' die Kaze dazu in Schwanz, ſo haſt du Tafelmuſik, und wenn du tanzen willſt, ſo eröfne den Ball, mit dem Spinn, rocken. Hehehe;

Lene.

Wenn ich nun auch ſpräche, wenn du mich küſ, ſen willſt: geh, reib dir den Bart an der Schuh, bürſte?

Jobſen.

Lene, Lene! thue mir nicht ſo klug! So bald die Weiber klug werden, ſo iſt der Mann ein Narr. Wären ſie es in der Stadt weniger, ſo brauchten die Männer nicht ſo viel Schwäger zu ernähren. Fort an die Arbeit! führe dich hübſch mit deinem Spinnrocken auf: meine Geſellſchaft wird auf mich warten.

(Geht ſingend ab.)

Das allerbeſte Weib bleibt doch
   Des Mannes ärgſte Plage:
   Doch quält ſie ihn mit Zank und Schreyn
   So häng' er ihr den Brodkorb hoch
   Vergeße auch nicht, mit jedem Tage
   Sie zehnmal zehnmal abzubläuen —

Zwey

Zweyter Auftritt.

Lene. (allein.)

Schon gut! ihm zum Possen will ich auch das
Spinnrad nicht anrühren. — Aber — es fällt
mir noch was ein. Könnte ich nicht, wenn Zeckel dort
ist, hingehen, und sagen: der Gerichtshalter hätte
fragen lassen, ob seine Schuhe geflickt wären? —
Ja, das will ich thun. Die übrigen werden doch
so höflich seyn und mir ein Gläschen Punsch an-
bieten. — Je nu, wenn mir Jobsen auch einen
Knips giebt.

Ohne Müh ist selten Brod;
Freunde selten ohne Noth;
Nie ein Ehmann ohne Plage;
Kinder niemals ohne Klage:
Doch wünscht jede so, wie ich,
Brod, und Mann, und Kinder sich!
(Geht ab.)

Drit=

Dritter Auftritt.

Die Scene stellt einem Saal in Junker Liebreichs Hause vor.

**Kellner. Koch. Bedienter. Kutscher. Lies-
chen. Hannchen.**

Kellner.

Nu wollte ich, daß der blinde Musikante und
unsere Nachbarn kämen. Der Napf Punsch ist
fertig. Ah! das ist ein Trank! — Wenn uns
nur nicht der Henker unsere Frau über den Hals
führet.

Lieschen.

Ja, das fehlte uns! Seit ich in dem Hause
bin, habe ich keine vergnügte Stunde gehabt: das
ist ein Zankteufel!

Kellner.

Ich wollte wetten, auf einem Zuchthause giengs
lustiger zu, als bey uns. Es dauert mich nur der
der Junker: das ist der beste Herr von der Welt,
nichts, als Liebe und Freygebigkeit!

Be-

Bedienter.

Vom ersten Augenblicke an, da sie in's Haus kam, hat sich's Oberste zu unterst gekehrt, vom Himmel zur Hölle!

Hannchen.

Seine vorige Frau — ja, das war eine Frau!

Kellner.

Wohl, eine kreuzbrave! Der Himmel gebe ihr eine noch heute sanfte Ruhe! Die da hat eine Legion Teufel im Leibe : stets schmeißt sie wie eine Furie um sich.

Lieschen.

Ich weiß davon ein Liedchen zu singen : Wenn ihr früh der Spiegel die Wahrheit saget so kriege ich gewiß ein Dutzend Ohrfeigen.

Hannchen.

Ich dächte, niemand fühlts mehr, als ich: Hat sie des Morgens nicht ausgeschlaffen, und sieht von der Galle grün und gelb aus, so kann ich drauf rechnen, daß ich auf den Abend braun und blau aussehe.

Lieschen.

Heute Morgen foderte sie ein Glas Wasser. Ich bring ihr eins. Schwap hatte ich's in's Gesichte. Hannchen konnte sich des Lachens nicht

ent-

enthalten: Schwap hatte sie eine Ohrfeige! Aber es soll auch die letzte seyn, die sie mir giebt. Morgen des Tages sag' ich ihr den Dienst auf.

Hannchen.

Es wackeln mir noch alle Zähne davon.

Koch.

Ich wollte, daß sie der Henker holte! Denn führt er sie einmal in die Küche, so geht Topf und Tiegel nach meinem Kopfe: prix, prax, ein Stück nach dem andern! ein Zotelbär ist ein höflicher Thier, als sie. So bald aber meine Zeit um ist, fodre ich meinen Lohn und zieh ab.

Bedienter.

Das will ich auch thun, und damit holla. Der Himmel steh' nur unserm armen Herrn bey! den bringt sie gewiß noch unter die Erde.

Kutscher.

Ihre Zunge ist in beständiger Bewegung, und sie hat eine so verdammte helle Pfeife im Halse, daß einem die Trummel im Ohre zerspringen möchte. Wer wollte in einem solchen Hause bleiben? Ein Kutscher muß gute Worte kriegen, und seine Pferd satt Haber und Heu! Ich zieh' auch ab. Sie mögen sehen, wo sie einen andern Kutscher herkriegen.

Tell.

Kellner.

Je nun, so zieh ich auch ab. Wenn man sich
so viel ärgert, so bekömmt einem kein Trunk.
Ich sollte an meines Herrn Stelle seyn!

Koch.

Und sie sollte meine Frau seyn! Ich wollte
gar anders mit ihr herum springen.

Kutscher.

Sie sollte thüräugelt werden, das es eine
Art hätte.

Bedienter.

Unser Herr ist ein guter Herr.   Er hat sie
nicht lange: sie sieht eben so unrecht nicht aus.

Lischen.

Ansehn hin, Ansehn her!

Ist das ein schön Gesicht,
Das oft die Wuth entstellet,
Dem Zorn die Nase schwellet,
Gluth aus den Augen sprühet,
Ihm Stirn und Mund verziehet?
Das wär' ein schön Gesicht?
Fürwahr, ich glaub es nicht,

Doch ist es jenes nicht,
Das, wenn es Schönheit schmücket,

Durch

Durch Freundlichkeit entzücket,
Den Ernst durch Scherz vergütet,
Durch Lächeln selbst gebietet,
Mit Sanftmuth widerspricht?
Ja wohl, ein schön Gesicht!

Koch.

Unser Herr sollte sie nur mir in die Zucht ge=
ben!

O dürft' ich nur! wie wollt' ich sie! —
Der Erste Topf
Flög ihr an Kopf,

Dann Löffel und Gabel und Messer:
Wie jungen Tauben, dräht' ich ihr

Den Hals herum: ich steh' dafür;
Dann wird es mit ihr besser!
Ja, hätt ich sie! wie wollte ich sie! —
Wie Hecht und Hahn
Fieng ich sie an

Zu kochen, zu sieden zu braten:
Nach Gutbefinden hieng ich auch
Sie zu den Schinken in den Rauch,
Was gilts? sie ließ sich rathen!

Kellner.

Und mir sollte sie einmal in Keller gerath
kommen, und mir an meine Fässer klopfen —

B   Zuerst

Zuerst legt ich sie unterm Hahn,
Und ließ den Wein in Hals ihr laufen;
Da sollt und mußte sie mir saufen;
Und stünd' ihr dieß nicht an:
So ruft ich meine Kellerknechte,
Die gäben ihr die Kellerrechte
So lange, bis sie gut gethan.

Gefiel's ihr noch nicht, fromm zu seyn;
So kriegt' ich eins der größten Fässer,
Ich nähm mein grosses Spündemesser,
Und spündete sie ein:
Dann wollten wir sie weiblich rütteln,
Sie rollen, durch einander schütteln,
Was gilts, sie sollte klüger seyn.

Hannchen.

Ja ja, auf eine Weile! Wo der Henker aber
einmal einer Frau im Kopfe sizt, da muß der
ganze Kopf herunter, sonst ist alles umsonst. Ich
halte hier nicht länger aus: ich will einen Mann
haben, und ohne gesunde Glieder bedankt sich einer.

Krum und lahm
Kriegt man selten einen Mann:
Sollt ich mich denn selber hassen,
Prügeln, stossen, lassen laffen?
Nein, das Ding steht mir nicht an.

Mein

Mein Gesicht
Ist ja noch so häßlich nicht;
Aber ohne Zahn und Augen
Möcht es nicht zur Liebe taugen,
Und der Lieb entsag ich nicht.
Unsern Herrn
Dien't ich zwar von Herzen gern:
Aber solche schlimme Sachen
Weiß er doch nicht gut zu machen;
Wo er ist, ist sie nicht fern.

Es bleibt dabey, ich zieh ab.

Alle.

Ja ja, ich ziehe auch ab. Wir ziehen alle ab.

Vierter Auftritt.

Die Vorigen. Jobsen. Der blinde Musikante, Andreas, und etliche Nachbarn.

Kellner.

Willkommen, willkommen, herzlich willkommen alle mit einander! — Nu, wie geht's du ehrlicher guter Jobsen? Ich habe dir einen wackern Napf Punsch zu rechte gemacht: ich weiß gewiß, du sollst mit mir zufrieden seyn.

B 2   Jobsen.

Jobsen.

Brav, brav! ich komme auch in dem festen Vorsatze, mich so reich als ein Junker zu trinken , ob ich gleich nur ein armer Schuflicker bin. Ich bin ein ehrlicher alter Degenknopf, und sehe den Trunk für das klügste Handwerk eines rechtschaffenen Kerls an.

Kellner.

Komm, Jobsen! Ihr andern Herren, kommt auch mit. Wir wollen unsern Punschnapf in Procession abholen.   (Sie gehen ab.)

Fünfter Auftritt.

Die Vorigen.

(Sie kommen in einem Aufzuge zurück. Der Koch geht mit den Lichtern voraus. Ihm folget Andreas. Jobsen trägt einen grossen Punschnapf. Der Kellner und Kellerknecht gehn zu beiden Seiten mit zwey kleinern Näpfen. Die übrigen folgen paarweise mit Gläsern in den Händen, womit sie einen Carillon machen. Lichter, Punsch und Gläser werden auf den Tisch gesezt. Jobsen stellt sich in die Mitte zwischen den Kellner und Kellerknecht.)

Jobsen.

Auf! holder Bacchus, krön' die Nacht
    Mit deinen Fröhlichkeiten!

Und

Und wenn des Lebens Gram erwacht,
So hilf ihn uns bestreiten!
Auf! fülle den mächtigen funkelnden Becher,
Daß jeder getreue und durstige Zecher
Durch singen und Springen die Freude ver-
mehre,
Und jauchzend die schäumenden Gläser izt leere!

Laß von dem angenehmen Saft
Kein Tröpfchen uns vergiessen,
Und seine ganze Lebenskraft
Durch Herz und Adern fliessen.
Gebiete den Stunden, die eilends entfliehen,
Daß sie sich verlängern, zu Tagen verzieben,
Und gieb sie uns öfter, damit wir in Freuden
Das Leben geniessen, und fröhlich verscheiden.

Kellner.

Ein recht vollgestrichenes Glas her! Unser
gnädigster Churfürst und die ganze churfürstli-
che Familie soll leben! hoch!

Alle.

Hoch!

Jobsen.

Dies Glas gilt unsers Fürsten Heil:
Das Glück sey seiner Herrschaft Theil;

Es

Es mögen Berg und Hügel sinken,
Wir wollen Seen trocken trinken:
Bis wieder der Berge vergüldete Spizen
In Strahlen der Sonne, die Felder durch-
blizen. —

Dies bring ich, trauter Bruder, dir,
Bring du es, trauter Bruder, mir!
Wann wir den ganzen Tag durchtrunken,
Bis tief die Sonn in's Meer gesunken:
So trinket ihr niemals verdrossenen Brüder,
Den Monden herüber, dann trinkt ihn auch
nieder!

Sechster Auftritt.

Die Vorigen.

Lene.   (pocht an.)

Lene.

Heya! heya! —

Jobsen.

Zum Henker, was für eine Heyastimme störet
uns in unsrer Lustbarkeit?

Kellner.

Heh, herein!

Alle.

Je Lenchen? willkommen! willkommen! —
tausendmal! —   Job-

Jobsen.

Was unterstehst du dich, meinem Kummando zuwider hieher zu kommen? — Ist dir der Punschgeruch in die Nase gefahren? — Warte, warte, ich will dich in die Entenpfütze tragen, damit du dir die Kehle ausspühlen kanust.

Lene.

Ach! lieber Jobsen! der Gerichtsverwalter ließ fragen ob seine Schuhe fertig wären, und ich konnte sie nicht finden.

Jobsen.

Der Gerichtsverwalter? hättest du ihm nur gesagt, er soll seine Fußsohlen mit Zwecken beschlagen! — Der Dieb hat mich ohnedieß das letzte mal um ein neues Schock gestraft, da ich zu tief ins Glas geguckt und im Dorfe, Feuer! geschrien hatte, weil es in meiner Kehle brannte. Ich will ihm aber das nächstemal einen Stift von einer halben Elle lang in seine Hufeisen schlagen, daß er lebenslang hinken soll. — Nu, du kannst nur wieder deiner Wege gehen. — Doch, noch eins, lege meinen Kniriem zurechte! du mußt für die Verwegenheit gestraft werden, daß du mich gehindert hast, dies Glas in einem Zuge zu leeren,

(Sie fallen alle über Jobsen her, und bitten, daß er Lenen da läßt.)

B 4

Zell-

Kellner.

Pfuy, Jobsen; ein Mann muß Respekt in seinem Familium haben, aber er muß nicht mit dem Knieriemen regieren. — Da Lenchen trink eins mit uns!

Lene.

O lieber Jobsen! du siehest, sie bitten alle: wer wird den so unhöflich seyn —

Ein Bedienter.

Ja, Bruder Jobsen; es fehlt uns so an Frauenzimmerchen. Wir Wollen eins tanzen, und deine Frau soll die Ballköniginn seyn.

Jobsen.

Ha Gälschnabel! willst du mir etwa die Krone machen?

Alle.

Ja, Lenchen muß hier bleiben.

Kellner.

Ja, sie muß. Ich höre so gern singen, und ich weiß, Lenchen singt, wie ein Amselchen: sie muß mir eins singen —

Alle.

Ja Lenchen muß eines singen.

Job-

Jobsen.

Nu, wells der Herr Bruder Kellner so haben will, so bedanke dich bey ihm, wenn ich dasmol ein Auge zudrücke.

Lene singe du!
Ich ich trinke dazu.
Und ann ich nicht mehr trinken,
So will ich dir schon winken,
Izt, izt singe du!
Ich, ich trinke dazu:
Denn izt kann ich noch trinken.

Lene.

Aber ich schäme mich vor so vielen Herren.

Kellner.

Nu nu, wann du getrunken hast, so wirst du dich schon nicht mehr schämen.

Lene.   (trinkt.)

Wohl dann! auf Gesundheit des Herrn Kellners und der ganzen werthen Gesellschaft.

Alle.

Hoch.

Lene.

Ohne Lieb' und ohne Wein,
Was wär' unser Leben?
Alles, was uns soll erfreun,

Mü-

Müssen diese geben.
Wenn die grossen sich erfreun,
Was ist ihre Freude!
Hübsche Mädchen, guter Wein,
Einzig diese beide!

Alle.

Hübsche Mädchen, guter Wein;
Einzig diese beide!

Lene.

Sieger, die des Sieg's sich freun,
Fragen nichts nach Kränzen;
Sie erholen sich beym Wein
Und bey schlauen Tänzen;
Daß wir uns nicht stündlich freun,
Machet, weil wir dürsten;
Gebt uns Mädchen, gebt uns Wein:
O! so sind wir Fürsten!

Alle.

Gebt uns Mädchen, gebt uns Wein,
O, so sind wir Fürsten!
(Sie machen ein verwirrtes Geschrey.)

Lieschen.

Ich dächte, Kinder, wir fiengen immer an zu tanzen.

(Sie nimmt den Koch.)

Hann-

Hannchen.

Nu, Vater Andres, streicht auf!

(Sie nimmt den Bedienten.)

Lene.

Komm Er her, Herr Kellner; ich tanze mit Ihm.

(Sie stellen sich, und fangen deutsch an zu tanzen. Nach einigen Reihen kömmt die Edelfrau mit grossem Geschrey! jedes will sich verbergen, und rennt wider den andern an.)

Siebenter Auftritt.

Die Vorigen. Herr und Frau von Liebreich.

Edelfrau.

Himmel und Erde! was gibts in meinem Hause? — Ist der Teufel gar los? — was für eine Heerde wilder Menschen ist hier? — (Sie geht auf den Kellner los.) Heh! Schlingel, rede!

Herr von Liebreich.

Seyn Sie ruhig, meine Liebste! Ich sehe es gerne, wenn meine Leute sich nach der Arbeit eine kleine Ergözlichkeit machen.

Edel-

Edelfrau.

Und ich seh' es gerne, daß es in meinem Hau,
se ruhig ist.

Herr von Liebreich.

Ich dächte, Madam, dies Haus gehörte mir
so wohl als Ihnen?

Edelfrau.

Aber ich bin Herr darinnen. Ich will Ihnen
darum nicht so viel zugebracht haben, daß Sie meiner vor dem Pöbel mißhandeln. Gehen Sie zu Ihren Hunden und Pferden, wo Sie hingehören: hier
will ich befehlen und mir nicht von einem solchen
Dorfjunker, wie Sie sind, widersprechen lassen.

Herr von Liebreich. (bey Seite.)

Nun, das heißt auch an ein beständiges Un-
gewitter verheurathet seyn: bald werde ich's nicht
länger ausstehen.

Edelfrau.

Und ich nicht bey Ihnen — (Zu ihren Leuten)
Ihr lüderlichen Schurken und unverschämten Men-
scher; Ich will euch lernen Leckerbischen fressen und
mich bestehlen.

Kellner.

Ich dachte gnädige Frau; weil Sie heute nicht
zu Hause wären; das wir uns auch einmal einen
guten Tag machen dürften.

-     Edel-

Edelfrau.

Einen guten Tag, Schlingel? einen guten Tag
auf deinen Kopf; — Sie reißt ihm die Müze aus
der Hand, und schlägt ihm damit:) — Und du,
Muß, (zu einer von den Mädchen) unterstehst dich,
nach einer liederlichen Fiedel, herum zu springen?
(Sie zupft sie bey den Ohren.)

Lieschen.

Au weh! meine Ohren! meine Ohren!

Herr von Liebreich.

Ich bitte, Madame, vergessen Sie doch Ihr
Geschlecht und Ihren Stand nicht.

Edelfrau.

Und Sie nicht ihren Unverstand! Sie sollen mir
nicht Lehre geben: ich leide es ein für allemal nicht
— (Zum Kutscher.) Wer steht denn hier so eingewi-
ckelt? Je du infamer Kerl — (Sie schlägt sie alle,
Jobsen kriecht immer durch. — Zu Jobsen.) Und
du, Spizbube! was machst du in meinem Hause!

Jobsen.

Ich bin ein ehrlicher braver Schuflicker und grosser Sänger! Wenn eure Gnaden fleißiger in die Kir-
che giengen, so würden Sie mich über die ganze
Gemeine wegschreyen hören.

Edelfrau.

Warte! warte! ich will es hier hören!
(Sie schlägt auf ihn los.)

Jobsen,

Verflucht! ist denn hier gar der Teufel los?
Das allerbeste Weib bleibt doch
Des Mannes ärgste Plage —

Edelfrau.

Wie, Spitzbube, Schurke! die unterstehst dich —

Herr von Libereich.

Nun, wird das Ding denn nicht bald ein Ende
nehmen? — Nein, das ist unausstehlich!

Edelfrau.

Unausstehlich? — Ich unglückliche Frau! ach;
konnte der Himmel wohl einer so frommen Frau,
als ich bin, einen so gottlosen Mann geben!

Lene.

(kriecht immer ihrem Manne nach.)
O! wäre ich doch nimmermehr hieher gekommen;

Jobsen.

Da siehst du, wie's geht, wenn mann seiner
Obrigkeit nicht gehorchet;

Edelfrau

Edelfrau.

(wird sie gewar.)

Ha; was ist denn das für ein Nickelchen?

Jobsen.

Kein Nickelchen, eine ehrliche Frau; O wenn alle Weiber so unter der Herrschaft des Knieriems stünden, wie sie, so würden sie sich nicht so ungebärdig stellen.

Edelfrau.

Was murmelst du da in Bart, Kerl?

Jobsen.

Das allerbeste Weib bleibt doch
Des Mannes ärgste Plage: —

(Lene hält sich beständig an ihren Mann an; dieser kehrt immer wieder zurücke, wenn ihn die Edelfrau fortgejagt hat, und singt:)

Das allerbeste Weib

Edelfrau.

Dieb; Spitzbube; Galgenschwengel; — (Jobsen läuft endlich mit Lenen davon: sie wird den blinden Musikanten, Andres, gewar. — Zum Andres.) Und du, blinder Dieb, unterstehst dich, noch hier zu lehnen? warte! ich will deinem Gequäke auf einmal ein Ende machen.

Sie

(Sie reißt ihm die Geige aus der Hand, und
zerschlägt sie an ihm.)

Andreas.

Mord! Mord, ich armer blinder Mann; wel-
chen Weg soll ich laufen? — O Himmel; meine
Geige; womit werde ich nun meine Frau und Kinder ernähren; —

Herr von Liebreich.

Hier, armer Mann, nehmt euren Stock und
geht; — da habt ihr etwas, kauft euch eine andere —

(Er führt ihn ab.)

Edelfrau.

Immer geschenket und immer gegeben,
Sich selbst nicht, und nur andern leben,
Heißt bey Verschwendern, wohlgethan;
Man giebt, verschenket, füllt müßige Hände,
Daß die wohlthätige Großmuth am Ende
Selbst hungern oder betteln kann.

Herr von Liebreich.

Lassen sie sich unbekümmert: Es hat Ihnen bey
mir noch an nichts gefehlet, und ich bin nicht wil-
lens, Ihnen von jedem Groschen Rechenschaft zu
geben.

Edelfrau

Edelfrau.

So? — Wollen Sie mir etwann gar verbieten, daß ich nach meinem Eingebrachten fragen soll?

Herr von Liebreich.

Fragen Sie, wornach Sie wollen: ich aber will fragen, ob kein Mittel ist, wieder von Ihnen los zu kommen, und wenn mein ganzes Vermögen drauf gehen sollte. — (Es pocht jemand.) Heb; ist keiner von den Bedienten da? doch die armen Leute werden alle von mir verscheucht.

Achter Auftritt.

Die Vorigen Der Kellner.

Edelfrau.

Ihr lüderlichen Schurken; wo steckt ihr denn alle? — Wer pocht?

Kellner.

Ihro Gnaden, es ist der Herr Dokter Mikroskop hier; ein grosser Mann, wie die Leute sagen, Er hat sich, halte ich, aufs Sterngucken gelegt, sagt einem alles, was man wissen will, hilft einem zu allem, was man verloren hat, und soll sogar Kalender machen.

C   **Edelfrau**

Edelfrau

Was will der Kerl hier?

Kellner.

Er hat sich unterwegens verirrt, und bittet um ein Nachtquartier; — da kömmt er selber.

(Geht ab.)

Neunter Auftritt.

Der Zauberer. Die Vorigen.

Zauberer,

Ihro Gnaden verzeihen, daß ich zu einer so ungelegnen Zeit komme. Die Nacht hat mich überfallen, und es ist so finster, daß ich schwerlich den Weg nach Hause finden möchte. Vergönnen Sie mir nur diese Nacht über, einen kleinen Aufenthalt unter Ihrem Dache —

Edelfrau.

Wie? Wem? einem Hexenmeister? einem Zauberer? einem Zigeuner? das fehlte mir noch: fort hinaus aus meinem Hause!

Herr von Liebreich.

(bey Seite.)

Madam, schämen Sie sich doch; Ich kenne den Mann — mein Herr, nehmen Sie es ja nicht

übel

übel! Meine Frau ift bißweilen etwas wunderlich; allein —

Zauberer.

O ich fehe es; Welch eine Veränderung ift hier feit Ihrer feligen Frauen Tode vorgegangen;

Edelfrau.

Da kömmft du mir recht, Kerl, wenn du mir von feiner feeligen Frau anfängft. Solche Tauge= nichts, wie du, könnten das Grabfcheid in die Fäu= fte nehmen. Wo du mir nicht den Augenblick zum Haufe hinaus gehft, fo laß ich dich hinnaus prü= geln.

Herr von Liebreich.

Sie fehen, mein Freund, daß ich bey mir felbft nicht Herr bin. Aber gehen Sie nur in das nächfte Gäßchen, da wohnt ganz an der Ecke ein Schuh= flicker; hier warten Sie ein wenig. Ich will in= deffen bey einem meiner Pachter fragen laffen, ob er Sie beherbergen kann? er foll Sie alsdann dort abholen.

Edelfrau.

Geh' mir aus den Augen, Schurke, oder ich vergreife mich felbft an dir!

Zauberer.

Ich danke Ihnen, gnädiger Herr! Glauben fie nicht, daß ich ohne Abficht hieher gekommen bin;

den

denn ich hätte im ganzen Dorfe eine Herberge ge-
funden. — Aber die Liebe für Sie, Ihre Unruhe,
Ihre Gemahlin — noch diese Nacht soll sie meinen Zorn fühlen. Sie sollen glücklich werden, oder
die Gestirne sollen mir meine Wissenschaft nicht umsonst gegeben haben.

(Geht ab.)

Edelfrau.

Ich glaube, der verfluchte Kerl droht mir gar?
und Sie können di s anhören, ohne sich zu rühren.
Das Ding muß in meinem Hause anders werden,
oder ich will meinen Kopf nicht sanfte legen.

Herr von Liebreich.

Ja, ja, es soll anders werden: gedulden Sie
sich nur; Es wird auch noch ein Mittel seyn, mir
Ruhe zu verschaffen, und wenn es das äusserste
wäre,

Edelfrau.

Das wollen wir sehen, das wollen wir sehen!

(Geht ab.)

Herr von Liebreich.

Gewähret mir, ihr Götter, das einz'ge Begehren.
O habt ihr kein Mittel, mein Weib zu be-
kehren,

Es

So führet sie zu dem entferntesten Strand!
Hier sey sie von meinen Augen verbannt.
Wo nicht, so weißt mir aus Erbarmen
Nur eine niedre Hütte an,
Wo ich, der Freyheit in den Armen,
Froh leben, ruhig sterben kann,
(Geht ab.)

Zehnter Auftritt.

Des Schuflickers Haus.

Lene allein.

Unfehlbar ist mein Zeckel noch in die Schenke
gelaufen, um sich ein wenig seines Schadens zu
erholen, da uns die garstige Edelfrau die Freude
verderbt hat. — Ich muß geschwind, weil ich noch
alleine bin, einmal Schnupftabak nehmen. — (Sie
zieht ein blechernes Schächtelchen heraus.) Ich weiß
nicht, seit mir's mein Mann verboten hat, schmeckt
mir's erst gut, ob ich gleich nicht weiß, warum?
     Verbietet nur etwas der Frau, ihr guten Herrn,
        Ihr könnt uns doch nicht hütten:
     Dann thut man's erst, dann thut manns
                                 gern,
     Weil Männer es verbieten.
Sonst hieß ich nur den Tabak Quark,

C 3   Schalt

Schalt ihn und nahm ihn nie —
(Sie nimmt Tobak.)
Pfui, heißt er doch! (Sie niest.) Ißi, ißi,
ißi — das Ding ist gar zu arg,
ißi, ißi, ißi!

Eilfter Auftritt.

Lene. Zauberer.

Lene.

(fährt zusammen, da sie ihn gewahr wird.)

Ah! was will der schwarze Mann hier? es muß
wohl gar ein Magister seyn!

Zauberer.

Seyd Ihr es nicht, mein liebes Kind, wo ich
warten soll, bis mich ein Bedienter des Junkers
zu einem seiner Pachter führen soll?

Lene.

Ich weiß von nichts, lieber Herr; aber wenn
Ihr es haben wollt, so will ich euch hinführen, wo
Ihr hin wollt.

Zauberer.

Ist nicht euer Mann ein Schuflicker?

Lene:

Ja, Jobsen Zeckel, mein Herr!

Zaube-

Zauberer.

Und ihr heißt?

Lene.

Hübsche Leute heissen mich Jobsens Leuchen, oder Frau Zeckeln: mein Mann aber heißt mich kurzweg, Lene.

Zauberer.   (bey Seite.)

Ha meine Sache ist so gut als vollzogen. — (Zu Lenen.) Ihr werdet mich also zum Pachter führen Lenchen?

Lene.

Warum nicht? und wenns noch zehnmal weiter wäre!

Zauberer.

Ich danke euch, meine liebe Frau, und damit ich eure Höflichkeit in etwas vergelden möge, so will ich euch euer Glück wahrsagen.

Lene.

O Gemine, ich habe mir in meinem Leben nicht wahrsagen lassen. — Aber was Gutes?

Zauberer.

Laßt mich einmal eure Gesichtszüge betrachten.

Lene

Hihihi; ich schäme mich. Mein Gesicht sieht nicht gar zu reinlich aus, ich will mich erst waschen.

C 4   Zaube-

Zauberer.

Kommt; Kommt! Ihr habt ein gutes Gesicht!
Ihr dürft euch dessen nicht schämen; bald werdet
Ihr es an vornehmen Orten zeigen müssen.

Lene.

Ich? an vornehmen Orten? warum nicht gar?
Ich rede ja so dumm, und gar nicht wie vorneh=
me Leute.

Zauberer.

Man braucht nicht vornehm zu seyn, um gut
zu reden. Drücket euch aus, wie es euch die Na=
tur lehret, und fasset einen Muth! Morgen, ehe
die Sonne aufgeht, werdet ihr das glücklichste Weib
in dieser Gegend seyn.

Lene.

Ey! das wäre doch artig; morgen schon? Da
ist ja nur ein Tag dazwischen; wie kann das seyn?

Zauberer.

Ihr sollt nicht mehr von euerm unbarmherzigen
Manne beunruhiget werden. Ich weiß es, daß er
euch nicht zum besten begegnet.

Lene. (bey Seite.)

O Gemine! Das weiß er! Er muß gewiß ein
Hexenmeister seyn. — (Zum Zauberer.) Ja, ja,

mein

mein Mann ist wohl ein bißchen arg und wenn
er einen Rausch hat, so kriege ich's zu fühlen: doch
das hat so gar viel nicht zu bedeuten.

Zauberer.

Ich sehe schon prächtige Möbeln, Kleider, Bedienten, und endlich gar einen Junker in euerm Gesichte.

Lene.

Ich? einen Junker im Gesichte? — o lieber
Herr, wo steht er denn?

Zauberer.

Hier unter euerm linken Auge — ja, ganz deut-
lich!

Lene.

Unterm linken Auge? Schon so oft habe ich in
mein Stückchen Spiegel geguckt und ihn doch niemals gesehen; — und was soll denn Zeckel haben?

Zauberer.

Eine Edelfrau.

Lene.

Pfuy! Zeckel muß mich alleine haben,

Zauberer.

Seyd ruhig! — Genug; ehe der Tag anbricht,
werdet Ihr die reichste Frau im Dorfe seyn, und
in einer Kutsche fahren.

Lene-

Lene.

In einer Kutsche? Geht, Ihr vexiret mich!

Zauberer.

Ich schwöre euch bey meiner Kunst. Ein, zwey
drey Kutschen werdet ihr haben. Doch sehet euch
wohl vor; fasset ein Herz; lasset euch eure Verwandlung nicht merken, thut wie eine Edelfrau;
sonst — wird das Aergste folgen.

Lene.

Nu, nu, wenn's darauf ankömmt, so will ich
gewiß wie eine vornehme Frau thun — Aber, muß
ich denn auch recht hochmüthig, recht boshaft seyn,
und über alles die Nase rümpfen? das thun ja
wohl auch die vornehmen Damen?

Zauberer.

Bey Leibe nicht, man kann gefällig, liebreich,
freundlich gegen Jedermann seyn, und doch eine vornehme Dame seyn.

Lene.

Nun, das ist gut, denn das würde mir sehr
sauer geworden seyn. — O Gemine, eine Kutsche
eine Kutsche!

Mein schwellend Herz hüpft mir vor Freude,
Schon seh' ich mich im goldnen Kleide,
Und bin nicht Zeckels Lene mehr;

Wie

Wie schön, wenn ich, wie große Leute
Mich Frau Genaden rufen hör':
Da soll man mich geputzt, wie Bräute,
Zu Bällen und Komödien
In einer Kutsche fahren sehn:
Wie herrlich wird das Lenen stehn!
O eine Kutsche! eine Kutsche!

Zwölfter Auftritt.

Die Vorigen. Jobsen.

Jobsen. (macht große Augen.)

Was zum Henker macht der schwarze Kerl hier?

Lene.

O lieber Jobsen! es ist ein recht feiner Mann;
er hat mir wahrgesagt: o was für artige Dinge
hat er mir nicht gesagt!

Jobsen.

Dir wahrgesagt, und mir vielleicht ein schönes
paar Hörner auf den Kopf gepflanzet, heh?

Zauberer.

Dein Weib ist tugendhaft, und du sollst durch
sie glücklich werden.

Jobsen

Jobsen.

Wie? Was? Glücklich? durch einen so rupsich=
gen schwarzen Teufel? Ich will nicht durch solche
Schurken, wie du bist, durch Mackemäthziger und
Kalendermacher glücklich werden.

Lene.

Ach! lieber Mann, sey nicht so böse! wir sol=
len reich werden, und eine eigne Kutsche haben,
eine Kutsche!

Jobsen.

Eine Kutsche! hahahaha; Narr! einen Schub=
karren, eine Radeberge — der Henker hol! ich
glaube, der Balg ist besoffen. Fort zu Bette!
(Er schlägt sie.)

Lene.

Ach, der Himmel sey mir gnädig! ist das der
Anfang von meinem grossen Glücke?

Zauberer.

Halt, unverschämter Mann; was thust du?

Jobsen.

Hinaus aus meinem Hause, Dieb! oder ich
will dich mit Meinem Knieriem hinaus führen.

Zauberer.

Ich gehe, nichtswürdiger Kerl; aber —

Job=

Jobsen.

Scher dich fort, da haft du noch was auf den Weg. (Er schlägt ihn mit dem Kateriem) — (Zu Lenen.) Komm fort zu bette, Lene', daß du die Kutsche ausschläfst, sonst will ich dir sie austreiben.

Ende des ersten Aufzugs.

Zwey:

Zweiter Aufzug

Der Schauplatz stellt die Nacht und das freye Feld vor des Schusters Hütte vor.

Erster Auftritt.

Der Zauberer. (allein.)

Wohlan! ich muß mein Vorhaben ausführen: es soll hier eine Verwandlung vorgehen, die mich wegen der angethanen Beleidigung rächen, und wie ich hoffe, jedes bessern soll.

(Er macht mit dem Zauberstaabe einen Zirkel.)

Auf naht euch, ihr dienstbaren Geister, herzu?
Erschein itzt, o Rabischog, Rabir, auch du!
Die Zeit ist dringend, auf! ohne Verweilen!
Ich will euch geheime Befehle ertheilen.
Die Klarheit der Sonne verscheuchet euch nicht;
Der Mond verbirget sein sterbendes Licht!
Die Erde, bedecket von schwärzesten Flor,
Liegt tief im Schlaf, drum eilet hervor!

(die Geister erscheinen.)

Gei-

Geister.

Sprich, Herr! was sollen wir vollziehn?

Zauberer.

Eh noch der Finsterniß Schatten entfliehn,
Sollt ihr zum Weibe des Schusters hier wan-
deln,

Und sie in Liebreichs Gemahlinn verwandeln:
Doch Liebreichs Gemahlinn verwandelt dafür
In Lenen das Weib des Schusters allhier:
Laßt sie die Erscheinung so mächtig bethören,
Damit sie nicht wissen, wohin sie gehören:
Dann führt sie in einer bezaubernden Ruh,
Dem Junker die Lene, und Jobsen die Edelfrau zu,
Und dieser Betäubung den Nachdruck zu geben!
So laß sich Sturm, Donner und Blitzen er-
heben.

(Es donnert und blitzt.)

Zweyter Auftritt.
Des Schuhflickers Haus.

(Die Geister bringen den schlafenden Jobsen ge-
tragen, setzen ihn vorn aufs Theater hin, und
legen ihn mit dem Kopfe auf seinen Sessel.
Nachdem sie fort sind, erwacht Jobsen, gähnt
und sieht sich voller Verwunderung über sein
Lager um.

Job-

Jobſen.

Wie? wach' ich, oder träum' ich? Bin ich's oder bin ichs nicht? — Das iſt doch ein verwünſchter Streich! — Hier lieg' ich wie ein Kalb — (er beſieht ſich) angezogen? der Henker hole, vom Kopfe bis auf die Füſſen angezogen! — Hm! Ich bin doch geſtern nicht ſo beſoffen geweſen, daß ich nicht von meinen fünf Sinnen gewußt hätte? — vermuthlich bin ich gar mondenſüchtig geworden, oder der Teufel, der itzt auf dem Edelhofe reſidiret, hat ſich mit mir eine Karnevalsluſtbarkeit machen wollen. — Es iſt mir, als wenn ichs den Morgen jämmerlich hätte donnern und blitzen hören; bald ſollte ich gar glauben, daß mich ein Erdbeben aus meiner Bucht geworfen ... aber da könnte ich doch nicht angezogen ſeyn? — Doch bin ich nicht ein Narr, daß ich mir darüber den Kopf zerbreche? deſto beſſer, ſo brauche ich mich nicht erſt anzuziehen — (er thut, als ob er nach dem Himmel ſähe.) Es muß wohl ſchon um fünfe ſeyn? — heh, Lene! heraus! zünde die Lampe an! — ſie ſchnarchet noch, wie ein Kettenhund; ich muß ſie nur noch ein Viertelſtündchen ſchlaffen laſſen, ſonſt ſchläft ſie mir beym Spinnrade ein.

(Er ſchlägt Feuer auf, und zündet die Lampe an.)

Edel.

Edelfrau.

Nun? was ist das für ein Lärmen in meinem
Zimmer?

Jobſen.

Der Alp träumt; — warte, ich will dir ein
Morgenlied, ſingen daß du munter wirſt:
    Unter allen Handwerken von Oſten bis Weſten
Iſt immer des Schuhflickers eines der beſten:
Denn welche Kunſt eſſert, was vorher verzehrt,
Dieſelbe wird billig vor andern geehrt.
O rühmlicher Schuſter, der alle Schuhſolen
Von ſeinen werthen Nachbarn flickt!
Der niemals zum Schuben das Leder geſtohlen
Und alte Schuh neu wiederſchickt.

Edelfrau.

Was für ein Schlingel unterſteht ſich, mich
durch ſein Brillen aus dem Schlafe zu ſtören.

Jobſen.

Redt ſie im Schlafe, oder dräht ihr das Glas,
chen Punſch noch den Kopf herum?
    Es war einmal ein junges Weib
Dem Buhlen ſehr ergeben:
In manchen ſüſſen Zeitvertreib
Verfloß ihr frohes Leben:
Doch bald war es um ſie gethan:

D   Sie

Sie starb und reiste nach dem Himmel:
Da war es zu; mit viel Getümmel
Klopft sie hier ungeduldig an.

    Da lief ihr Mann schnell an die Thür;
„ Heh! wer klopft an der Thüre? “
Sie schrie, dein seelig Weib ist hier,
Geschwind mach auf ich friere.
Ey, sprach er, frier du immerhin
Es ist kein Platz für deinesgleichen;
„ Ich will nicht wanken und nicht weichen,
Rief sie, so wahr ich ehrlich bin! „

Edelfrau.

    Das ist nicht auszustehn! kann ich denn keine Klingel finden? — Wo sind meine Kerle? Jakob Friedrich, Christian!

Jobsen.

Meine Kerle? ha ha ha ha.

Edelfrau.

    Welcher Flegel hat sich unterstanden, sich in mein Zimmer zu schleichen? — Unfehlbar ist's der Schlingel von Kutscher, der immer vom frühen Morgen an nicht nüchtern wird. Warte: warte, so bald ich aufstehe, sollst du zum Henker gejagt werden!

Jobsen.

    Huy, nun merk'e ich den Braten! der Hexenmeister hat ihr von einer Kutsche vorgeschwatzt, und

ist

ißt träumt ihr vom Kutscher und der Equipage. —
Ich muß mir doch die Luſt machen, und ſehen,
wie lange das währt?

Ich will und muß troz dir hinein,
  Und deinen Brüdern allen:
  Nur ihr ſeyd Schuld an unſrer Pein,
  Und daß wir ſind gefallen,
  Hat Adam nicht einſt das Geboth
  Zu Liebe ſeiner Frau gebrochen?
  Als dieſer hört, was ſie geſprochen,
  So läuft er fort und iſt halb todt.

Edelfrau.

Wie! mein Gemal! Herr von Liebreich, Sie
leben, daß man mir ſo mitſpielet? — Heh! wo
ſind Sie? ganz gewiß ſchon wieder auf der ver-
fluchten Jagd;

Jobſen.

Gemal? Herr von Liebreich? — Was zum
Henker? hat ſie mich etwa gar zum Edelmanne
gemacht? Mein Name iſt Jobs Zeckel; — ein
artiger Spaß! — Gemal! Herr von Liebreich!

Edelfrau.

Ja, ja, er iſt fort! (Zeckel nimmt die Lampe
geht an ihr Bette, und zieht den Vorhang auf:
ſie erſchrickt, da ſie ſich in Lenens Kleidung erblickt.)

       Zuerſt

Himmel wo bin ich? — Pfuy, welch ein Geruch! ein grobes Bettuch; ein schmuziger Vorhang; eine rauhe Bettdecke; wache ich oder ist's ein Traum. Wer hat mich hieher gebracht? Wer ist der Schelm da? — ah! ich glaube gar, ich glaube gar, ich sehe den Schlingel von Schuflicker aus unserm Dorfe?

Jobsen.

Es könnte seyn. — Das ist aber doch erstaunend; dergleichen Zeug habe ich in meinem Leben nicht von ihr gehört. — Heb; wenn ich meinen Knieriem kriege, so sollst du deinen Mann schon kennen lernen: ich will dich Mores lehren verstehst du mich.

Edelfrau.

O! die Unverschämtheit ist nicht auszustehen. — Du? mein Mann? — Hängen will ich dich lassen, Spizbube; Ich bin eine Dame; — Sage mir, wer hat mir den Schlaftrunk eingegeben, und mich hieher gebracht?

Jobsen.

Einen Schlaftrunk? Einen Schlaftrunk? Der Punsch wird noch bey dir wirken. — So geht's wenn man einen so frommen Mann hat, wie ich bin. Hätte ich dir nicht bey dem Punschglase durch die Finger gesehen. —

Laßt

Laßt den Weibern nur den Willen,
Seht, was kommt zuletzt heraus?
Legionen Teufel fühlen
Ihren Kopf und euer Haus.
Weh' dem Mann der widerspricht;
Was er will, das will sie nicht,
Doch sie will, will nur nicht er,
Sie zieht hin, und er zieht her.

Edelfrau.

O was hat mein gottloser Mann mit mir vorgenommen? — Hanne, Fike, Christiane, wo steckt ihr?

Jobsen.

Abahaha, itzt ruft sie gar ihre Mägde; der Hexenmeister hat sie rasend gemacht.

Edelfrau.

Er schwatzt vom Hexenmeister! gewiß ist da was vorgegangen! — Ah! was sind das für Kleider? Ein elendes wollenes Wams? Eine baumwollene Haube? Ein grober Friesrock! O! ich bin aus meinem Hause durch Zauberey weggebracht! Was soll ich anfangen? Was soll aus mir werden?
(Man bläst draussen die Hörner.)

Jobsen.

Horch, Lene; die Jäger lassen sich schon mit den Hörnern hören; Nu, du faules Rabenaas, an

die

tie Arbeit; an die Arbeit; — Komm, spinne, oder ich will dich spinnen lehren; — Zum Henker! soll ich schon zwo Stunden des Morgens vor dir an der Arbeit seyn?

Edelfrau.

Wie? unverschämter Kerl: kennst du mich nicht?

Jobsen.

Ich dich kennen? o ja, mehr als zugut, und du sollst mich auch kennen lernen, eh eine Minute in's Land kömmt.

Edelfrau.

Ich bin des Herrn Hanns von Liebreichs Gemalinn, und du, ein Schurke —

Jobsen.

Des Junkers Hanns von Liebreichs Gemalinn Nein, nein, Lene; so gar schlim bist du noch nicht. Der karge, tolle Teufel martert jeden, wer ihr zu nahe kömmt, halb todt: o wenn sie meine Frau wäre; ich wollte sie zusammen karbatschen, daß es eine Art hätte.

Edelfrau.

Nein, länger kann ichs nicht ausstehen — du unverschämter Flegel! ich will dich kriegen —

(Sie wirft die Betten, und alles was ihr in die Hände kömmt, nach ihm.)

Job-

Jobsen.

Mein träume ich oder wache ich? — In meinem Leben habe ich noch kein böses Wort von ihr gehöret; und auf einmal — komm, Knierlem, zeige, was dein mächtiger Kizel vermag. — Warte, Nickel: du sollst mir bald nüchtern werden.

(Er schlägt sie.)

Edelfrau.

Mörder; Diebe; Mörder!

Jobsen.

Frau; höre mit den Narrenspossen auf, und geh' an's Spinnrad: sonst will ich dich so abschmieren, als du nicht bist gegeisselt worden, da du einen Daum lang warst. — Da; nimm's Rad in die Fäuste!

(Sie wirft es in Boden; er schlägt sie.)

Edelfrau.

Halt, halt, Ich will gern alles thun!

Jobsen.

Nu, ich dachte doch, daß ich dich wieder zur Reison bringen wollte.

Edelfrau.

Was soll ich thun?

Jobsen.

Spinnen.

Edelfrau.

Ich kann nicht spinnen.

Jobsen.

Du? nicht spinnen? so muß ich den Præceptor
wieder zu hülfe nehmen. — (Er schlägt sie.)

Edelfrau,

Ach! ich will spinnen, ich will.

Jobsen.

Nu, so greif zu, Rabenaas; rühre dich, sonst
sollst du sehen; ich will auch an meine Arbeit gehen
's ist schon über und über Tag.

(Er trägt seine Sachen zusammen und sezt
sich an die Arbeit.)

Laßt die Grossen immerhin
  Sich mit Staatsgeschäften plagen;
  Eines Schusters froher Sinn
  Darf darüber niemals klagen.
  Es kann ihn allein,
  Durch Lärmen und schreyn,
  Sein Weib bisweilen vexiren;
  Doch alsdann muß er sie schmieren.
Er braucht nicht des Glückes Macht,
  Dieser falschen Hexe Gnaden;

Da

Da fie ihn fo ke'n gemacht,
Was kann fie ihm weiter fchaden?
Es ftört ihn niemal
Der Gläubiger Zahl:
Denn fucht er gleich wo zu borgen,
So traut ihm niemand bis morgen.

(Es klopfet jemand.)

Dritter Auftritt.

Jobfen. Edelfrau. Lieschen.

Jobfen.

Heh Lene! mach' auf!

Edelfrau.

(geht und macht auf. — Bey Seite.)

Himmel! was feh ich? — meine Stuben-
magd? — Ah vielleicht komm' ich nun hinter die
ganze Gefchichte.

Jobfen.

Je, was will Sie denn fchon fo früh, Jungfer Lieschen?

Lieschen.

Ich wollte fehen, ob meine Pantoffeln fertig
wären? denn fteht unfere Frau auf, fo ift der Teu-

fel

fel los. Da wollt' ich's nicht wagen, einen Schritt,
über die Schwelle zu thun.

Jobsen.

Meine Frau hat sie schon gestern hinbringen
sollen; aber da hat das Rabenaas den Zauber-
doktor bey sich gehabt; der hat ihr das ganze Ge,
hirn verrückt. Gewiß genug hat sie's auch drü-
ber vergessen.

Edelfrau.

Ah! nun kenne ich den Stifter meines Unglücks!

Lieschen.

Ihr könnt sie selber fragen, ob sie mir was
gebracht hat. Ich habe sie gestern nicht weiter
gesehen, als da uns unsere verzweifelte Frau in
der besten Lust störte.

Jobsen.

Ha; hat sich das Wetter noch nicht gelegt?

Lischen.

Was gelegt? sie hat noch den ganzen Abend
wie eine Furie getobt.

Edelfrau.   (bey Seite.)

O ich kann es nicht mehr aushalten!

Lies-

Lieschen.

Wo sie ist, ist der Teufel los.
Toben und Lärmen,
Krazen und schwärmen,
Das kann sie bloß,
Wo sie ist, ist der Teufel los.

Jobsen.

Mein; was sagt aber der Junker dazu?

Lieschen.

Was will er sagen?
Er darf nicht klagen;
Sonst kriegt er selber einen Stoß,
Und dann ist ganz der Teufel los.

Edelfrau.

Das ist nicht auszustehn! — (Zu Lieschen)
Kennst du mich Nickel?

Lieschen.

Was fällt eurer Frau ein, Meister Jobsen?

Edelfrau.

Wie? Ich seine Frau? du thust, als ob du
mich nicht kenntest, Bettel? — warte, ich will
dichs lehren!   (Sie schlägt auf sie los.)

Lieschen.

Zu Hülfe! Zu Hülfe! Meister Jobsen!
                                  Job-

Jobſen.

Biſt du raſend ? — ha, ich muß dir helfen !
(Er ſchlägt auf ſie zu, indem ſie Lieschen ſchlägt,

Lieschen.

Au weh ! Sie bringt mich um !

Edelfrau.

O weh ! du bringſt mich um !

Jobſen.

Das will ich. Geſchwind nieder auf die Knie

Edelfrau.

Ich ? auf die Knie ?

Jobſen.

Ja, nieder auf die Knie; bitte ab, oder —

Lieschen.   (zur Edelfrau)

Was habe ich euch aber gethan?

Jobſen.

Nieder, nieder
Auf die Knie;
Oder, ſieh
Ich fange wieder
Dich zu hämmern an,

Bis

Bis ich nicht mehr kann —
Nieder, nieder
Auf die Knie;

Edelfrau.

Himmel; welche Demüthigung:

Jobsen.

Himmel welche Halsstarrigkeit; — Ich frage,
willst du, oder willst du nicht?

Nieder, nieder
Auf die Knie;

Edelfrau.

Nimmermehr!

Lieschen.

Meister Jobsen, ich glaube, sie ist verrückt:
laßt sie nur gehn;

Jobsen.

Nein, meine Autorität würde drunter leiden.

Edelfrau.

Was soll ich anfangen? — O; ich bin aus
ser mir!

Jobsen.　　　(stößt sie nieder)

Mit eigner Hand bring' ich dich um! — Nun;
bete mir nach; „Jungfer Lieschen —

Edelfrau.

„Jungfer" — o; was muß ich ausstehen;

Jobsen.

Jobſen.

O! was muß ich erleben! — Fort! „Jungfer Lieschen“ —

Edelfrau.

Eine Frau von meinem Stande ſo zu traktiren?

Jobſen.

Sprich nach: „ Eine Jungfer von ſolchem
Stande ſo zu traktiren?“

Lieschen.

Laßt ſie gehn, Meiſter Jobſen, ich vergeb'
es ihr.

Jobſen.

Nein, zum Henker! ſie muß behext ſeyn! Hätt'
ich einen Rauſch, ſo dächt' ich, es träumte mir;
aber noch iſt kein Tropfen Branntewein über meine Zunge gekommen:

Lieschen.

Lebt wohl, Meiſter Jobſen!

Jobſen.

Sie hätte billig erſt die Execution abwarten
ſollen! — (Indem er Lieschen bis an die Thüre begleitet, will ſie davon laufen.) Ha! wo willſt
du hin? warte, ich will dich — gleich an die Arbeit, du häßliches Thier!

Edel-

Edelfrau.   (bey Seite.)

O! ich weiß nicht mehr, was ich anfangen soll,
Mein Herz berstet vor Wuth.

Vierter Auftritt.

Jobsen.   Edelfrau.

Jobsen.

Nu, Rabenaas! wirst du dich bald geben? —
Siehst du, ich habe noch Fäuste, und so lange die
noch ganz sind, soll es deine Haut gewiß nicht
bleiben, wenn du mir solche Sprünge machst! —
Da blas' die Lampe aus! es ist heller, lichter Tag.
  (Sie bläßt das Licht aus; er sezet sich auf sei=
    nen Schemel, und fängt an zu arbeiten; und
    sie geht an ihr Spinnrad.)
    Um Kirchthurm schwazen schon die Dohlen
    Krakrakrakra,
    Hahahaha!
    Es kräht der Hahn kikrikikri.
    Hihihihi!
    Der Guckguck ruft Cucu, Cucu,
    Ich aber flicke Schuh:
    Was fehlt mir noch dazu?
    Gluglugluglugluglu.
                                    Noch

Noch heute keinen Tropfen getrunken! das muß
der Pfarrer in die Dorfkronike bringen. — —
Heh Lene! lange mir das Fläschchen dort hinterm
Bette her!

(Die Edelfrau bringt ihm ein Brantweinfläsch-
chen; er läßt etwas fallen und bückt sich;
indem er es aufheben will, gießt sie ihm das
Wasser, das er neben sich in dem Schuster-
fäßchen stehen hat über den Kopf, stürzt
den Schemel um, und läuft davon.)

Jobsen. (allein.)

Nun das übersteigt alle meine fünf Sinne.
Aus dem Lamme so eine Wölfinn zu werden?
Pulver, Bley und Hagel! wo ich dich kriege —

Das eine Frau sich mit dem Manne zankt,
  Und was er thut, ihm mit den Henker dankt,
  Das seh' ich ein:
  Doch das, wenn er sich ruhig hält,
  Sie auf ihn her mit Schlägen fällt,
  Das muß der Teufel seyn.

Ohnfehlbar ist sie auf den Edelhof gelaufen, um
ihre Residenz einzunehmen: — Nu, ich will dich
mit Gesange wiederholen.

(Geht ab)

Fünf-

Fünfter Auftritt.

Junker Liebreichs Haus. Der Edelfrau.
Zimmer. Lene liegt auf einem
seidnen Bette.

Lene.   (allein)

O! daß ich doch schon erwacht bin! Was für
süsse Träume hab' ich diese Nacht gehabt! — Ich
dachte, ich wäre mit Leib und Seele im Paradie-
se! — auf einem Bette voller Veilchen und Ro-
sen, und der angenehmste Mann an meiner Seite
(Sie sieht sich um.) Ah! der Himmel sey mir
gnädig! wo bin ich? — wie angenehm ist alles
um mich her! kein Garten im Frühlinge kann so
reizend seyn. — Ist das ein Bette? — Nun das
Bettuch muß wenigstens von Taffent seyn, so sanft
ist es. — Was für einen schönen seidnen Rock hab'
ich an? — Himmel! ist es ja ein Traum, so wollt
ich, ich erwachte niemals wieder! — Gewiß und
wahrhaftig! ich bin die lezte Nacht gestorben und
in Himmel gekommen, und das ist der! — Ich
kann meine Finger bewegen? — das ist doch wunderbar; ich sollte denken, ich wachte. — Ey!
was für schöne Manscherten! — der schöne Spiegel — die schönen Stühle! — die schönen
Wände! —   E.   Das

Das ist der Himmel sicherlich;
    Wo kriegte ich sonst so schöne Sachen?
    O laß doch, guter Himmel, mich
    Nicht wiederum erwachen; —
    Die schönen Bilder an der Wand,
    Die schönen Bänder um die Hand, —
    Ich glaube gar, es heiß Geschmeide!
    Das Bett' und dieser Rock von Seide!
    Und dies ist alles, alles mein?
    Gewiß, das muß der Himmel seyn!
Ah! was krabbelt mir denn hinter denn Ohren?
— (Sie hascht darnach.) verzweifelt, Ohrgehänge,
gewiß und wahrhaftig, Ohrgehänge! — Ich muß
nur in Spiegel gucken! — (Sie geht an Spiegel
und erschrickt.) Der Himmel sey mir gnädig; was
seh' ich? — wahrhaftig, das bin ich nicht mehr!
— aber nein, ich bin's, ich bin's! ich fühle mich
doch — Wer kömmt? — Ah; wo verstecke ich
mich? — Ich will mich geschwind wieder auf's Bette werfen, und thun, als ob ich schliefe.

Sech=

Sechster Auftritt.

Lene auf dem Bette. Hannchen

Hannchen.

(bey Seite.)

Nu muß ich wieder mein Brummeisen wecken.
— Vor Mitternacht wird sie wenigstens nicht auf-
hören. — Der erste Gruß wird wohl Nickel oder
Rabenaas seyn. — Gnädige Frau! gnädige Frau.

Lene.

O Gemine: wer ist da? — Was willst du,
mein liebes Kind?

Hannchen.

(bey Seite.)

Mein liebes Kind; — mein liebes Kind! —
der beste Name, den ich diese drey Monate über
von ihr gehöret habe, ist Muz oder Mähre gewe-
sen. — (Zu Lenen.) Was für ein Kleid, und welche Manschetten soll ich für Ihro Gnaden zurechte
legen?

Lene.

(bey Seite.)

Was meynt sie damit? — Ihro Gnaden? Kleid

und

und Manschetten? gewiß, ich wache doch? Ah, der
kluge Mann fällt mir ein, der hat mir ja alles
voraus gesagt.

Hannchen.

Sagten Ihro Gnaden etwas?

Lene.

Ja, Kind! das Kleid will ich anziehen, das
das — das ich anhabe.

Hannchen.

Da ist Wunder vorgegangen; — Sie haben sich
selbst angezogen, gnädige Frau?

Lene. (verwirrt.)

Ich? ich? — ja, ja doch: — Ich wollte —
heute früh — ein bißchen spazieren gehen, und niemand — gerne wecken.

Hannchen.

Das ist unbegreiflich! Wollen sie nicht wenigstens eine andere Haube aufsetzen?

Lene.

Ach; ach! — Sie giebt sich gar zu viel Mühe.

Hannchen. (bey Seite.)
Ich glaube gar, sie träumt — zu viel Mühe!

Lene.

Lene. (bey Seite.)

Wenn sie mich nur nicht erkennt, wenn ich aufstehe: ich muß es aber doch wagen.

Hannchen.

Reichen Sie mir die Hand, gnädige Frau, ich will Ihnen helfen.

Lene.

Nein, nein, mein liebes Kind; ich will mir schon selber helfen.

Hannchen. (bey Seitte.)

Liebes Kind! selber helfen; ich kann gar nicht zu mir selbst kommen.

Siebenter Auftritt.

Lieschen. Die Vorigen.

Lieschen.

(ruft an der Thüre. — Lene besieht sich in, dessen und befühlt alles. — Von der Seite.)

Bst! Bst; Hannchen! Ist die gnädige Frau aufgestanden?

Hannchen.

Ja wohl; ich bin ganz außer mir vor Freuden!

E 3 Lieschen

Lieschen.

Gewiß, weil der Schuh oder Pantoffel glücklich bey'm Kopfe vorbey geflogen?

Hannchen.

O! sie ist so freundlich, so gut — geh' nur hin,
und sprich mit ihr.

Lieschen.

Du willst gewiß die Freude haben, daß mir
ein Zahn eingeschlagen wird. — Gnädige Frau!

Lene.

Was sagst du, mein Herz? —(Sie wird das
andere Mädchen gewahr. bey Seite.) O Himmel!
noch eine! was will diese wieder haben?

Lieschen.

Was befehlen Ihro Gnaden! das heute soll gemacht werden?

Lene.

Gemacht?

Lieschen.

Soll ich den Bänderlatz vollends fertig machen,
oder am Rocke sticken?

Lene.

Ja, den Bänderlatz vollends fertig machen, o-
der am Rocke sticken — doch nein, heute brauchst
du gar nichts zu machen.   Lies-

Lieschen.　　(bey feite.)

Wunder über alle Wunder! wach' ich oder — oder träumen wir alle zugleich? welch eine unglaubliche Veränderung!

Hannchen.　　(bey Seite.)

Wenn das so fortgeht, so weiß ich nicht, was ich denken soll.

Lieschen.

Was befehlen Ihro Gnaden für eine Haube aufzusezen? die a la Rhinoceros, oder die ang Kapriolet? — Die Schokolade ist auch fertig.

Lene:　　(bey Seite.)

O Gemine, was ist das? — Die Schokolade, die Schokolade will ich aufsezen!

Lieschen.　　(bey Seite.)

Die Schokolade aufsezen? sie hat sich gewiß versprochen. — (Zu Lenen.) Ich habe sie gleich vom Feuer genommen, gnädige Frau! der Bediente kann sie bringen, wenn Sie befehlen?

Lene.

Ja, ja, wie du willst, mein Kind! — doch nein, izt mag ich sie nicht.

Lieschen.

Nun, so will ich sie aufheben.

E 4　　　　Lene-

Lene.

Das kannst du thun, liebes Kind! aber eine von euch soll hier bleiben, daß ich nicht so alleine bin.

(Sie gehet, der Koch begegnet ihr unterwegens.)

Achter Auftritt.

Der Koch. Die Vorigen.

Koch.

Ich gehe izt, wie ein Dieb zum Galgen, da ich die Befehle zur Mittagsmahlzeit abholen soll.

Lieschen.

O mein lieber Koch, Er wird sich zu Schanden wundern; das ist eine Veränderung!

(Geht ab.)

Koch.

Gewiß vom Schimpfen zun Ohrfeigen! Mit Zittern und Zagen wag' ich's, ihr zu nahe zu kommen.

Lene.   (bey Seite.)

Ey! das ist ja wohl gar der Koch? sieht er doch recht vornehm aus! — (Zum Koch.) Guten Morgen lieber Koch!

Koch

Koch.

Guten Morgen, lieber Koch! — Was mag das bedeuten?

Lene.

In der That, mein ehrlicher, guter Mann; ich bin sehr hungrig! — O seyd doch so gut, und gebt mir ein Stückchen Ziegenkäse und ein bischen Brod dazu!

Koch.   (bey Seite.)

Hm: ehrlicher guter Mann? Ich dachte, ich sähe wenigstens, wie ein Flegel oder Schurke aus. (Zu Lenen.) Ihro Gnaden belieben wohl gar mit mir zu spassen? das würde ein schlechtes Frühstück für Ihren gnädigen Magen seyn. Ich kann aber den Augenblick ein gut Frikassee von jungen Hühnern, oder ein Stückchen Kälberbrust anrichten, das gestern übrig geblieben, wenn Sie befehlen.

Lene.

Auch das, lieber Koch! Ich esse, was Ihr mir gebt.

Koch.   (bey Seite.)

Lieber Koch! lieber Koch! ich werde noch vor Verwunderung zum Narren. — (Zu Lenen.) Es ist auch noch ein Stück gebratener Kapaun übrig.

Lene

74

Lene.

Nein, nein, Karthaunen esse ich nicht!

Koch.

Ich wollte es sonst auf den Rost legen.

Lene.

Je nun, macht was Ihr wollt, ich will se=
hen, — aber, lieber Koch, Ihr machet Euch gar
zu viel Mühe;

Koch.

Hehehehe, das hat mir noch keine Herrschaft in
meinem Leben gesagt; — Eine allerliebste gnädi=
ge Frau; zu viel Mühe, zu viel Mühe; Sie be=
lieben zu spaßen;

Neunter Auftritt.

Die Vorigen. Der Köllner.

Koch.   (bey Seite.)

Gieb mir einen Schmaz, Kerl; Es gehen Wun=
der vor: du wirst unsre Frau nicht mehr kennen;
Sie ist die leibhafte Sonne nach einem derben
Plazregen.

Bel=

Kellner.

Nu, Lieschen hat mir schon seltsames Zeug
vorgeschwatzt; ich muß doch sehen, was für Wunder vorgehen.

Hannchen.

Hier ist der Kellner, gnädige Frau, und er-
wartet Ihre Befehle.

Lene.

Der Kellner? Ach Herr Kellner, könnte ich nicht
was zu trinken kriegen, wenn mein Morgenbrod
kömmt?

Kellner.　　(bey Seite.)

Hm! seit einer Nacht zum Herrn geworden?
Ich bin ganz versteinert; — Wollen Ihre Gnaden
etwann ein Gläschen Frontiniack oder Chineser
Sekt haben?

Lene.　　(bey Seite.)

O Gemine was für wunderliche Namen! —
doch ich darf mich nicht verrathen. — Gut, gut,
was euch beliebt, Herr Kellner!

Kellner.

(geht ab und wiederholt im Gehen immer die Worte.)
Herr Kellner! Herr Kellner! —

Zehn=

Zehnter Auftritt

Der Kutscher. Die Vorigen.

Kutscher.   (im Hereintretten)

Ich glaube, sie sind alle närrisch geworden: der Koch ist aus einem Hundsfutt ein lieber Koch, und der Kellner aus einem Schlingel zum Herrn geworden, — zu was wird sie den Saufaus, den Kutscher nicht machen?

Hannchen.

Der Kutscher, Ihro Gnaden!

Lene.   (bey Seite.)

Ach! auch ein Kutscher! — Was wollt' ihr guter Mann?

Kutscher.

Hahahaha! Ich möchte gerne wissen, ob Ihre Gnaden heute ausfahren wollten, oder worinnen Sie fahren wollen, daß ich die Wagen ein bischen purgiren kann. In der grossen Glaskutsche, in der Chaise oder im Phaton?

Lene

Ey! das ist hübsch! — In allen mit einander — doch nein, in der grossen Glaskutsche, wenn's Euch gefällt.

Kut-

Kutscher   (bey Seite.)

Wenns euch gefällt. — Sie haben doch Recht.
Unfehlbar muß der Himmel bald einfallen.

Lene.

Hört, lieber Kutscher, kann ich nicht die Glaskutsche sehen?

Kutscher.

O ja, ich muß sie so herausschieben. Ihro
Gnaden dürfen nur hier in's Kabinet kommen, da
gehn die Fenster gerade auf den Hof. Kehren Sie
sich nicht dran, wenn sie ein bischen voll
Staub ist; ich will sie schon abrumpeln. Heh!
Hanne, komm' Sie, und gebe Sie mir die
Schuppenschlüssel: sie hängen im Küchenschran-
ke.

Lene.

Ja, ja, du kannst mitgehen, daß ich die Kutsche bald sehe. O Gemine, die Kutsche! ——
          (Kutscher und Hannchen gehn ab.)

Eilfter Aufritt.

Lene allein.

Kaum glaube ich noch, daß ich wache? — Was
für eine Menge Leute! — Und alle thun, als wenn
                                                    sie

fie vor Freuden auffer fich wären, mir aufzuwar-
ten? Wie wenig kennen die Vornehmen ihr Glück!
O über den klugen Mann, alles alles geht, wie er
mir's vorher gefagt hat. Mein Kopf ift mir ganz
fchwindlich.

 O feht doch Jobfen Zeckels Weib!
 Kennt ihr fie? fagt mir's wieder.
 Sonnft deckte diefen zarten Leib
 Ein altes zeugnes Mieder:
 Da mußten ftets die Finger gehn,
 Und am verwünfchten Rade drehn:
 Doch itzt ift's umgekehrt.
 Da fteht fie, wie ein Döckchen,
 In einem feidnen Röckchen,
 Ift vornehm und geehrt:
 Mit demuthsvollen Mienen
 Sucht jedes ihr zu dienen.
Aber bald hätte ich vergeffen, die Kutfche zu fehen;
ey die Kutfche! —   (geht ab.)

Zwölfter Auftritt.
Herr von Liebreich. Kelner. Koch.
Hannchen. Lieschen.
Kellner.

Ja, gnädiger Herr! die feltfamften Neuigkeiten.
Wir find vor Verwunderung auffer uns.
       Hann-

Hannchen:

So gnädig, so liebreich; — das müssen sich Ihre Gnaden gar nicht vorstellen können.

Lieschen.

Wir sind alle zu guten lieben Kindern geworden: O die unvergleichliche Herrschaft!

Koch.

Ja, es giebt nicht einen einzigen Schurken oder Schlingel mehr unter uns.

Herr von Liebreich.

Ich glaube, Ihr seyd alle zusammen verwirrt; was giebts denn? was ist denn für eine Veränderung vorgegangen?

Zellner.

O Ihro Gnaden; das ganze Haus hat sich umgekehrt. Wir sind so erfreut, so erfreut — die glücklichsten Leute von der Welt,

Hannchen.

Ach! gnädiger Herr, die allerliebste gnädige Frau!

Herr von Liebreich.

Wie? ist sie etwann todt?

Bel.

Kellner.

Das wolle der der Himmel nicht, sie ist die beste Frau von der Welt —

Koch.

So gnädig! so sanftmüthig!

Lieschen.

Lauter Güte und Liebe.

Herr von Liebreich.

Das ist wunderbar! Ich muß doch hinter die Wahrheit kommen.

Kellner.

Ja, nicht anders! gehn Sie nur zu ihr. — Heysa! Es lebe unser gnädiger Junker und seine brave Gemahlinn, hoch!

Herr von Liebreich.

Wo ist sie denn?

Hannchen.

Sie muß nur den Augenblick hinausgegangen seyn; denn noch vor einer kleinen Weile war sie hier.

Herr von Liebreich.

Ich muß sie aufsuchen. — Vielleicht ist sie auf dem Saale.   (Sie gehn ab)

Drey.

Dreyzehnter Auftritt.

Lene.

(allein, kömmt aus dem Kabinette zurück.)
Gemine: was das für eine schöne Kutsche
ist; Aber der kluge Mann sagte, ich sollte mich ja
nicht verrathen, sonst würde das Aergste folgen.
Ich weiß, daß ich schon mehr als einmal blutroth
geworden bin. Ich kann mich noch nicht recht in
die umstände schicken: o! was die Vornehmen für
närrisch Zeug machen; Ich muß mit mir machen
lassen, was sie mit mir machen wollen. — Ah!
ich muß doch noch einmal in Spiegel sehen — hi
hihihi; Was das für ein artiges feines Ding ist?
Nein, ich sehe mir doch nicht ein bischen mehr ähnlich — Das Stückchen Spiegel, das an meinem
Brodschranke hängt, stellt mich ganz anders vor.
Aber vielleicht betrügt mich dieser Spiegel. Die
vornehmen Damen, wie ich gehört habe, sollen sehr
schmeichelnde Spiegel haben; in unsern sehen wir
immer nicht besser, als wir sind:

    Mädchen in der grossen Welt,
      Gliechen sie auch selbst den Affen,
      Können sich durch Kunst und Geld,
      Sagt man mir, Gesichter schaffen.
      Lilienweiß und rosenroth

Sieht man oft auf ihnen prangen,
Trauet nicht -
Dem Gesicht,
Drunter sizt auf bleichen Wangen
Oft die Seuche mit dem Tod.

Die Gestalt, die die Natur
Häßlich oder schön gegeben,
Bleibt uns Mädchen auf der Flur
Immer gleich, so lang wir leben.
Unsre Schmink, ist unser Bach,
Blumen, von uns selbst gepflücket.
Das Gesicht,
Lüget nicht:
Doch erborgter Reiz entzücket
Lange selten, immer schwach!

Ach der Himmel sey mir gnädig! wer kömmt?

Vierzehnter Auftritt.

Lene. Herr von Liebreich. Lieschen.

Lieschen.

Hier ist sie! — Madam, der gnädige Herr,
Ihr Gemahl. —   (Geht ab.)

Lene. bey Seite

O Gemine! dieser hübsche Herr ist mein Mann?

Herr

Herr von Liebreich.

Mein liebster Schatz! ich bin vor Freuden außer mir; — Ich finde das ganze Haus über Ihre Veränderung voll entzücken.

Lene. (ein wenig betretten)

Ich, mein Herr? ich sollte im Stande seyn Ihr ganzes Haus in Entzücken zu sezen? das wäre mir zwar sehr lieb: denn ich sehe es lieber, wenn sich die Leute über mich freuen, als wenn sie über mich weinen. Aber —

Herr von Liebreich.

Unvergleichlich; Allerdings ist dies eine Glückseligkeit, die man sich durch keine Schätze erkaufen kann. Wie glücklich werde ich seyn, mein bestes Kind, wenn sie bey diesen Gesinnungen beharren!

Lene.

Und warum sollte ich nicht? Es bemüht sich ja jedes, mir zu gefallen?

Herr von Liebreich.

Nein, sagen Sie mir, englisches Kind: ist es Ihr Ernst? darf ich trauen? oder —

Lene.

Ich schwör' Ihnen, hier auf den Knien schwöre ich, daß, was ich sage, mein ganzes Herz redet;
(Sie will niederknieen.)

F 2   Herr

Herr von Liebreich.

Halt, was machen Sie? ich verlange keine solche Demüthigung von Ihnen. Ich glaube alles,
und bin so glücklich, daß ich mein Glück mit nichts
zu vergleichen finde. — O meine beste, meine schön-
ste, meine liebste Frau.—

Lene.

Reizender, englischer, angenehmer Mann —
(bey Seite.) riecht er doch über und über, wie ein
Blumenstrauß! der Himmel bewahre mir meinen
Verstand.

Herr von Liebreich.

Was gleichet, schönster Engel, dir;

Lene. (bey Seite.)

O welche Freuden find' ich hier?

(zum Herrn von Liebreich.)

Sie schenkten Ihre Liebe mir,
Wie hab ich sie gegeben? —

(bey Seite.)

Welch Glück; für einen Mann, wie dieser ist,
zu leben.

Herr von Liebreich.

Komm, laß mich deinen Kuß erfreun.

Lene.

Dieß möchte zu viel Ehre seyn.

Herr

Herr von Liebreich   (küßt Sie)
Was gleicht dem angenehmen Kinde!

        Lene.
Und was der Lust, die ich empfinde!
Noch nie hab' ich, wie itzt, geschmeckt;
Welch Glück in einem Kusse steckt!

        Herr von Liebreich.
Und keinen, ja keinen der vorigen Küsse,
Fand ich so lieblich, so reizend, so süße! —
O laß dich in die Arme schließen!

        Lene.
So wag' ich's, Sie auf's neu zu küssen. —
Ach! wie bezaubernd ist mein Glück!

        Herr von Liebreich.
Hier hast du deinen Kuß zurück.

        Lene.
Kann ich ihn doch auch wiedergeben? —
Welch himmlisches, welch glücklich Leben!

        Herr von Liebreich.
Kommen Sie, mein liebstes Kind! Ich muß
Ihnen ein klein Geschenke machen.

        Lene.
O ein Geschenke; ein Geschenke der allerliebste
Mann! —   (Sie folgt ihm.)

Ende des zweyten Aufzugs

        F 3   Drit=

Dritter Aufzug.

Des Herrn von Liebreichs Haus.

Erster Auftritt.

Kellner. Edelfrau.

Kellner.

Wie? was? wer seyd Ihr? was untersteht
Ihr euch?

Edelfrau

Unverschämter! Galgenvogel! du willst mich
nicht in mein eigen Haus lassen? kennst du deine
Frau nicht mehr?

Kellner.

Fort; oder ich werfe dich zur Thüre hinaus,
— dein eigen Haus? hahaha;

Edelfrau.

Du schändlicher Kerl; da hast du was.
(Sie giebt ihm eine Ohrfeige.)

Kellner.

Warte; warte; es ist ein guter Wassertrog un-
ten, da soll sich dein Müthchen abkühlen.
(Er will sie forttragen.)   Edel-

Edelfrau.

Mord; Mord; zu Hülfe;

Zweyter Auftritt.

Herr von Liebreich. Lene. Die Vorigen.

Herr von Liebreich.

Was giebts hier für ein Lärmen?

Kellner.

Je, gnädiger Herr, da ist ein rasendes Weib. Sie spricht, sie wäre die gnädige Frau, das Schloß da wäre ihre, wir alle wären ihre, und stößt und schlägt, wie ein unbändiges Pferd, um sich.

Lene.

(die sie jähling erblickt.)

Der Himmel sey mir gnädig! was ist das?

(Sie kriecht auf die Seite.)

Herr von Liebreich.

Das arme Geschöpf! sie muß verrückt seyn! — Gutes Weib, ihr werdet euch wohl irren, ich erinnere mich nicht, euch jemals gesehen zu haben.

Edelfrau.

Also willst du mich auch nicht kennen, du Urheber alles meines Elends? bin ich nicht deine Frau! — Rede.

F 4   **Herr**

Herr von Liebreich.

Nein, sage ich euch: beruhiget euch! — wo
seyd ihr denn her? ich will gern für euch sorgen.

Edelfrau.

Ah, der Bösewicht! — Hier vom Schloße
bin ich! ich bin — ach! durch Zauberey bin ich
weggebracht worden.

Herr von Liebreich-

Durch Zauberey? — Kellner, schickt geschwin-
de nach einem Balbier, da ist kein besser Mittel
als daß man ihr eine Ader schlägt.

Edelfrau,

Wie? nach dem Balbier? Ich kratze dir und
ihm die Augen aus.

Herr von Liebreich.

So muß ich Gewalt brauchen.

Leute,

(bey Seite, indem sie sich immer zu verbergen sucht.)

Ich weiß vor Angst nicht! wo ich hin soll! Sie
sieht, wie ich, aus, und doch bin ich auch selbst
hier! — O wär' ich doch wieder bey meinem Zeckel,

Edelfrau. (wird sie gewahr.)

Himmel! was seh' ich? mich in leibhafter Gestalt, wie ich gestern war? — Ich bin des Todes.

Herr

Herr von Liebreich.

Das arme unglückliche Weib! — Ich sage euch, ich will für euch sorgen: sagt nur, was Ihr verlangt?

Edelfrau.

Weg! laßt mich in Spiegel sehen. — (Sie geht an Spiegel.) O es ist um mich geschehen! Ich kenne mich selbst nicht mehr; — Ich muß verzweifeln.

Herr von Liebreich.

Ich will nur jemanden rufen: (Zu Lenen.) fürchten Sie sich nicht mein Kind! ich bin gleich wieder hier.

(Indem er hinausgehen will, tritt Jobsen herein.)

Dritter Auftritt.

Jobsen. Die Vorigen.

Edelfrau.

O wehe mir! hier ist der Teufel, der mich so gemartert hat.

Jobsen.

Ja, und hier ist auch mein Knierlein.

Lene.

Ach mein lieber Jobsen! er wird mich gewiß schlagen.

Herr

Herr von Liebreich.

Das soll er wohl bleiben lassen! — (Zu Jobsen.) Ist es also eure Frau?

Jobsen.

Ja, leider! bin ich mit dem Thierchen geplagt: Ihro Gnaden müssen ihr verzeihen. Sie hat gestern Abends mit einem Hexenmeister getrunken; der hat ihr unfehlbar so was ins Saufen geschüttet: denn von Stund' an ist sie närrisch geworden, und behauptet, dem Teufel zum Troze, sie sey die gnädige Frau Junkern; aber ich will sie bejunkern, daß sie an den Junker denken soll.

Herr von Liebreich.

Das arme Weib! schlagt sie nicht! sie wird schon wieder zu sich selbst kommen, oder wenigstens von ihrer Einbildung können geheilet werden.

Jobsen.

O ja! und wenn's Ihre Gnaden gefällt, so will ich gleich die Kur in Ihrer Gegenwart vornehmen. — — Heh! siehst du das?

(Er schwengt den Knieriem.)

Lene.

Lieber Zeckel! schlage mich nicht!

Herr von Liebreich.

Was sagen Sie? — Himmel! sie wird doch nicht von ihrer Raserey angesteckt werden? — Schaft eure Frau fort, mein Freund!   Edel-

Edelfrau.

O wie wird mir's ergehen! Ich habe mein Unglück verdient.

Jobſen.

Nun ſo darfſt du nicht murren, wenn dir der
Knieriem auf dem Buckel herum tanzt.

Lene.

Ach; es wird mir ganz finſter vor den Augen!

Herr von Liebretch.

Kommen ſie, legen ſie ſich auf's Bette; (Er
führt ſie an die Thüre.) Iſt niemand da? (Es kömmt
eine von den Mädchen.) Gebt meiner Gemalinn
ein Glas friſches Waſſer: ich will gleich bey Ihnen ſeyn. (Zu Jobſen.) Führt eure Frau nach
Hauſe und begegnet ihr vernünftig!

Jobſen.

O ja, mein Knieriem iſt ein vernünftiger Burſch.
Ihro Gnaden nehmen's nur nicht übel, daß der
der Teufel in ihr ſo geſchäftig geweſen iſt. Sie ſoll
aber nicht einen Fuß wieder über Ihre Schwelle ſetzen.

Edelfrau.

O was wird aus mir werden!
(Jobſen und Edelfrau gehen ab.)

Vierter Auftritt.

Ein Bedienter. Herr von Liebreich.

Bedienter.

Gnädiger Herr! der Doktor, der geſtern hier
war

war, bittet um die Erlaubniß, nur ein paar Wort mit Ihnen in einer sehr wichtigen Angelegenheit zu sprechen.

Herr von Liebreich.

Laßt ihn herein kommen. Was muß er bey mir wollen?

Fünfter Auftritt.

Der Zauberer. Herr von Liebreich.

Zauberer.

Hier auf meinen Knieen bitte ich Euer Gnaden wegen eines gewissen Unternehmens um Vergebung, das ich aus Rache gethan: das aber vielleicht zu Ihrem Glücke ausschlagen wird.

Herr von Liebreich.

Und was ist das?

Zauberer.

Ich habe mich an Ihrer Gemalinn durch meine Kunst für die gestrige hatte Begegnung gerächet. Ich habe sie auf einige Stunden in des Schuster Jobsen Zeckels Weib verwandelt, und dessen Frau in die Ihrige.

Herr von Liebreich.

Himmel was höre ich;

Zauberer.

Ich hätte solches verhehlen können; aber.—

Herr.

Herr von Liebreich.

O, warum haben Sie's nicht gethan? Also habe ich eine Glückseligkeit nur auf einige Augenblicke genossen; um mein Unglück ein ganzes Leben hindurch desto stärker zu fühlen?

— **Zauberer.**

Beruhigen Sie sich, gnädiger Herr! die Wirkung davon wird unfehlbar zu Ihrem Vortheile ausschlagen.

Herr von Liebreich.

Ah! wie kann ich das vermuthen!

Zauberer.

Der Schuster hat sie vor kurze Zeit über so gedemüthiget, daß ich gewiß hoffe, sie wird es nimmermehr wieder wagen, widerspenstig, zänkisch, gehässig und ungehorsam zu seyn.

Herr von Liebreich.

Unmöglich!

Zauberer.

Zweifeln sie nicht, Sie hat seit einigen Augenblicken die lebhaftesten Merkmale Ihrer Reue gegeben. — Inzwischen, wenn sie befehlen, so kann ich auch diese Verwandlung auf beiden Theilen unterhalten.

Herr

Herr von Liebreich:

Nein, da ich es weiß, würde es ein Verbre-
chen seyn. — Es gehe, wie es wolle; so geben
Sie jeder ihre eigene Gestalt wieder:

Zauberer.

Im Augenblick, und vielleicht — (ich sage es
noch einmal) wird dieser der glücklichste Ihres Lebens seyn!

Herr von Liebreich:

Ich bin in einer Unruhe —

Zauberer.

Lassen sie sich nichts beunruhigen. Diesen Morgen, als er aufgestanden war, habe ich sie auf sein
elendes Lager gef **** : und seit der Zeit hat er sie
beständig so gezüchtiget, daß sie unfehlbar die Früchte
seiner Zucht genießen werden. — Ich verlasse Sie
leben sie wohl! (Geht ab.)

Herr von Liebreich:

Ich erwarte dies: sonst — räche ich mich gewiß an Ihnen —

Sechster Auftritt.

Herr von Liebreich. Jobsen.

Herr von Liebreich:

Nu, Meister Jobsen, wo ist Eure Frau? —
was machet sie?

Job-

Jobsen.

Je, ich habe sie nicht von der Stelle bringen
können, und komm eben deswegen, Jhro Gnaden
um Vergebung zu bitten. Sie liegt hier vor der
Thüre. Jch dachte immer gar, es würde ihr die
Seele ausfahren. Da ich hinaus auf den Saal
kam, fiel sie mit in eine solche Ohnmacht, daß ich
sie durch nichts, als ein Paar derbe Zwicke in die
Nase, und ein halb Dutzend Hiebe wieder zu sich
selber bringen konnte.

Herr von Liebreich.

Laßt sie nur herein kommen.

Jobsen.

Hch Frau! herein!

Siebenter Auftritt.

Die Vorigen. Der Kellner.

(Dieser bringt die Frau von Liebreich geführt;
er hat ein Licht in der Hand, und hält es ihr
vor, um sie zu besehen.)

Kellner.

Nu wie hälts? — (Er erkennt sie.) O Himmel und Erde! — Jst dies nicht unsere Edelfrau?

Jobsen.

Närrischer Kerl, Nun fängst du sie an in eine

Edel-

Edelfrau zu verwandeln, da sie mich zuvor zum
Edelmann machen wollte? — (Er sieht sie an.)
Wie? was? zum Henker, das ist sie; — Bliz und
Hagel, wie geht das zu?

Kellner.

Ich dachte mir's bald, daß jene zu gut für uns
wäre. Der Himmel sey mir gnädig, nun werde
ich denn Wassertrog angestrichen kriegen.

Edelfrau.

Ach werden Sie mich noch nicht kennen, gnädiger Herr? Mit recht haben Sie mich vorhin ver-
läugnet. Ich hab' es verdienet, und denke mit Thrä-
nen und Reue an mein vergangenes Bezeigen. Wollen Sie mich aber wieder annehmen, so soll der
Rest meiner Tage in einer immerwährenden Be-
mühung bestehen, Ihnen und andern gefällig zu seyn.

Herr von Liebreich.

Von ganzen Herzen! Ist diese Gesinnung Ihr
wahrer Ernst: so werden Sie mich zum glücklichsten Manne in der Welt machen.

Jobsen.

Was tausend! soll ich mein Weib verlieren?
das Ding geht nicht an, gnädiger Herr. ——
Wenn sie allenfalls noch ein zehn Jahr älter wäre: aber —

Ein

Ein Weib, das munter, jung und flink,
Ist wirklich doch ein artig Ding.
Ihr niedliches Schmeicheln,
Ihr schelmisches Heucheln
Bezaubert uns auf tausend Art:
Bald krabbelt sie mich an dem Bart;
Bald heißt sie mich ihr goldnes Schäzchen:
Sie holt mir mein Bier,
Ich geb' ihr dafür
Ein Schmäzchen, sie giebt mir ein Schmäz-
chen

Achter Auftritt.

Die Vorigen Lieschen. Hannchen.

Lieschen.

O gnädiger Herr! wir sind ganz ausser uns!
Es hat sich die wunderbarste Begebenheit zugetra-
gen: die gnädige Frau hat eine solche Ohnmacht
gehabt, daß wir sie fast für todt hielten.

Jobsen.

Wieder eine Ohnmacht? was wird endlich aus
den Ohnmachten allen herauskommen? Sie hätten
nur meinen Knieriem zu Hülfe holen dürfen.

Hannchen.

Und da sie wieder zu sich selber kam, so sah'
sie des Schuster Frau so ähnlich —

G   Herr

Herr von Liebreich.

Sonderbar genug!

Jobsen.

Meiner Frau? über das närrische Zeug! hahaha.

Lieschen. (wird die Edelfrau gewahr.)

Himmel! da steht unsere Edelfrau!

Edelfrau.

Fürchtet nichts, meine Kinder! Ihr sollt ins künftige alle durch mich glücklich werden.

Herr von Liebreich.

Ich weiß das ganze Räthsel! — (Zu den Mädchen.) Geht, holt die Musikantin. Dieser Tag soll auch für euch ein Festtag seyn, so wie er es für mich ist, Bittet eure Freunde und Nachbarn zusammen! (Die Mädchen gehen ab.)

Neunter Auftritt.

Lene. Die Vorigen.

Jobsen.

Das Ding ist alles ganz gut; aber noch einmal: Sie behalten meine Nebenfrau für sich, gnädiger Herr, und jene hat sich verwandelt? — Wo zum Henker komme ich zu meiner Frau wieder? — ha, da kommt ja ein Ding, das Zeckels Lenen ähnlich sieht!

Lene.

Lene. (kömmt ganz betäubt.)

Mir ist — ich weiß nicht wie?

Nein: so was fühlte ich nie!

Schwarz war mir vor'm Gesicht,

Ich sah; ich hörte nicht:

Noch ist es mir im Kopf ganz dumm;

Die Erde läuft mit mir herum:

Nein, so was fühlt ich nie;

Mir ist — ich weiß nicht wie? —

(Sie wird Jobsen gewahr.)

Je, Jobsen, bist du da?

Jobsen.

Bist du's, oder bist du's nicht? Die schönen
Kleider sehen dir nicht ähnlich und dem Gesichte
nach — wahrhaftig! wie ein Tropfen Wasser dem
andern!

Herr von Liebreich.

Allerdings ist es deine Frau, und eine liebe
gute Frau.

Lene.

O ja, ich bin's, mein Herz sagt mir's, wenn
mich gleich der Hexenmeister ein Weilchen zu einer
hübschen Frau gemacht hatte.

G 2   Jobsen.

Jobsen.

Also gefiel dir doch das Ding? — Gnädiger Herr, gnädiger Herr, es juckt mir die Stirne gewaltig!

Herr von Liebreich.

Sey ruhig, Jobsen; ausser einem Kusse —

Jobsen.

Ich muß es glauben, und will es glauben. Ich könnte es doch nicht ändern:

> Was ich nicht weiß,
> Macht mich nicht heiß.
> Ein Mann, der zu viel wissen will,
> Erfährt
> Mehr, als er gerne hört:
> Drum, ist er klug, so schweigt er still,
> Denn was er nicht weiß,
> Das macht ihm nicht heiß
> Und er erfährt
> Nicht mehr, als er wohl gerne hört.

Lene, komm; gieb mir einen Schmaz! — Aber nein; es wäre um die schönen Kleider Schade, wenn du sie beschmuztest! du siehst darinn wie was rechts aus.

> Kleider machen Leute,
> Kränze machen Bräute,

und

Und ein weiſſer Federhut
Steht auch manchem Dummkopf gut;
Sieht man Lenen ihren Mann,
Meiſter Jobſen Zeckeln, an?
Ja doch nur nicht heute!
Kleider machen Leute.

Lene.

Ach; geh' du immer her, Jobſen. Ich merke
doch, daß ich die ſchönen Kleider wieder abgeben
muß, und alsdann iſts einerley, ob ſie beſchmutzt
ſind, oder nicht.

Herr von Liebreich.

Nein, meine gute Frau. Ich weiß meine Gemahlinn willigt drein, daß Ihr ſie zum Andenken
dieſer Begebenheit behaltet.

Edelfrau.

Von Herzen gerne, und ich will euch noch ver-
ſchiedenes zuſammen ſuchen, damit Ihr euch einen
rechten Sonntagsſtaat zuſammen machen könnt.

Lene.

O Gemine; Jobſen, die ſchönen Kleider ſind
meine?
Ob mir die ſchönen Kleider ſtehn?
Das iſt die Frage nicht:
Hat man ein artiges Geſicht,
So ſteht uns alles, alles ſchön:
Ich bin noch jung: wie kann es anders ſeyn.

G 3   Nicht

Nicht wahr, ihr Herrn, die Kleider stehn
mir fein?
Nicht wahr?

Jobſen.

Werde mir nur nicht zu vornehm! die Vorneh-
migkeit taugt bey Weibern nicht viel, denn ſie ſehen
darnach die Männer nur für ihre Hofnarren an.

Herr von Liebreich.

Dazu iſt eure Frau zu beſcheiden. Begegnet ihr
nur, wie es einem vernünftigen Manne zukömmt.

Jobſen.

O Ihre Gnaden glauben nicht, was für Vernunft in meinem Knierieme ſteckt. — Noch eins,
gnädige Frau; bald hätte ich vergeſſen Sie um Ver-
zeihung zu bitten, daß ihn auch die Vernunft ein
bischen zu ſehr bey Ihnen übereilet hat.

Edelfrau.

Stille, Jobſen! — Mein lieber Gemal, lei-
hen Sie mir Ihre Börſe. — Da, Meiſter Jobſen
habt Ihr etwas für die Ohrfeige, die ich euch gegeben habe.

Jobſen.

Gnädige Frau, wenn Sie alle Orfeigen ſo be-
zahlen, ſo bitt' ich mir gelegenheitlich mehr aus.—
(Bey Seite.) Hätt ich das Ding vorher gewußt,
ich hätte ihr noch zu mehrern wollen Gelegenheit
geben;

Hey-

Heysa, heh, nun hab' ich Geld;
Braucht' man mehr in dieser Welt?
Dies giebt selbst Verstand den Thoren,
Und macht Schöpse hochgebohren.
Wollt' ich itzt noch Junker seyn?
Geld nur her; man giebt es ein:
Doch ich bin kein Dumkopf! Nein, —
„Herr von Zeckel" pfuy, nein, nein;
Meister Zeckel klingt recht fein;
Und es sprächen doch die meisten:
Schuster, bleib bey deinem Leisten!

Herr von Liebreich.

Ihr habt Recht, Zeckel, kauft euch dafür Leder und arbeitet fleißig.

Jobsen.

Juchhe, nun bin ich der König von allen Schuhflickern! Lene hier hast du meine Hand: du sollst keinen Schlag mehr von mir kriegen, es müßt' es denn das Hausregiment erfodern.

(Man hört hinter dem Theater ein freudiges Getös, und Instrumenten stimmen.)

Herr von Liebreich.

Was giebts draußen?

Zehn=

Zehnter Auftritt.

Die Vorigen. Der Kellner und die Bedienten.

Kellner.

Das Hausgesinde von Ihro Gnaden möchte
gerne diesen Tag recht vergnügt begehen, so wie
Sie ihnen die gnädige Erlaubniß gegeben haben,
und fragt also —

Edelfrau.

Ich dächte mein liebster Gemal, wie ließen
sie hereinkommen? Ich werde dadurch um desto
eher dieser Leute Liebe wieder gewinnen, je mehr
ich sie durch meine Strenge gegen mich aufgebracht
habe.

Herr von Liebreich.

Von Herzen gerne; Sie wissen nur zu gut,
was es mir für Freude machet, wenn ich alles um
mich her glücklich sehe. (Zum Kellner.) Sie mögen herein kommen.

Josen.

Das ist brav; Es wird noch zum Beschluß etwas zu saufen geben; Nicht wahr, gnädiger Herr,
ich bin mit die Hauptperson im Spiele?

Herr von Liebreich.

Das versteht sich.

Er=

Eilfter Auftritt.

Die Vorigen.

(Es kommen die Bedienten nebst den Mädchen. Der Koch zerrt sich mit dem
blinden Musikanten unter der Thüre
herum, und reisset ihm seinen Stock
aus der Hand.)

Andreas.

Oeh; mein Stock, mein Stock, laßt mich fort
ich will nicht hinein, und wenn Ihr mich in Stü-
cken zerreisset: ich will nicht noch einmal meine Geige an mir zerschlagen lassen.

Koch.

Vater, seyd kein Narr! Unsere gnädige Frau
ist ist die beste Herrschaft von der Welt.

Andreas.

Es traue ein anderer; Der Teufel müßte sich
selbst ins Spiel gemischt haben: denn wenn seine
böse Frau gut werden soll —

Koch.

(hält ihm das Maul zu.)
Halt's Maul, sie ist selber da.

Edelfrau.

Seyd ruhig guter Mann: ich will euch das
Vorige abbitten, und Ihr sollt wöchentlich einen
kleinen Gehalt von mir haben.

An-

Andreas.

Ja, das ist etwas anders, gnädige Frau; Die
Prügel sind da auf einmal vergessen.

Jobsen.

Der Buckel fängt mir ordentlich darnach an
zu jucken, — heh! ich dächte, wir tränken eins herum, und stimmten eins dazu an?

Kellner.

Wenn eine Frau das Joch zerbricht,
    Dem Manne trozt ins Angesicht,
    Ihm schmäht und zänkisch widerspricht:
    Wie beugt er sich? durch schmeicheley n
    Durch Freundlichkeit und Demuth? Nein,
    Nur durch den Knieriem kann es seyn.
(Die Antwort wird von den übrigen allezeit wiederholt.)

Lieschen.

Doch wenn der Mann ein Wütrich ist;
    Von Wein und Bier stets überfließt,
    Sich pflegt und seine Frau vergißt,
    Gewinnt sie ihn durch schmeicheleyen,
    Durch Freunnlichkeit und Sorgfalt? Nein
    Sie kann nichts anders thun, als schreyen.

Koch.

Wenn sich die Frau dem Spiel ergiebt,
    Den Mann erst nach der Karte liebt,
    Und Sch bey ihm im Mausen übt:

Be-

Bekehrt er sie wohl durch Verzeih'n?
Durch Bitten und Geschenke? Nein,
Er kann nicht anders, als sie bläuen.

Hannchen.

Doch wenn der Mann, wie eine Pest,
Umher schleicht, Geld zusammen preßt,
Und seine Frau verhungern läßt:
Wie hilft sie sich? durch ängstlich schreyen
Durch Sparsamkeit und Betteln? Nein,
Da muß der Mann betrogen seyn

Jobsen.

Wenn eine Frau den Mann verschmäht,
Und wo ein andrer Haushahn kräht,
Den Kamm wollüstig nach ihm dräht,
Was muß er thun? geduldig seyn,
Und Reverenze machen? Nein!
Er klopft sie aus und sperrt sie ein.

Lene.

Und wenn der Mann das Land durchstreift
Zu andern Jungen Weibern läuft,
Dort freundlich ist, zu Hause keift:
Wie? soll sie noch gehorsam seyn,
Und sich zu Tode grämen? Nein!
Dann ladet sie den Nachbar ein.

An-

Andreas.

Ey zum Henker, da ist meine Geige: ich will, kein Narr mehr seyn, und umsonst aufstreichen.

Herr von Liebreich.

So gebt doch dem armen Manne etwas zu trinken.

Kutscher.

Ey, er kann den Bogen mit Kassonium schmieren: dazu braucht er weder Wein noch Punsch; (Sie geben ihm etwas zu trinken.)

Kellner.

Ich dächte, die gnädige Herrschaft erlaubten uns auch ein Tänzchen. Es schmeckt dazu ein guter Trunk noch einmal so gut.

Edelfrau.

Thut alles, meine Kinder, was euch einiges Vergnügen machen kann. — Kommen Sie, liebster Gemal, damit wir sie nicht durch unsere Gegenwart stören. Die Freude verlangt Freyheit.

Herr von Liebreich.

Welch ein glücklicher Tag für mich und für uns alle!

Alle.

Es lebe unser gnädiger Herr und seine liebe Gemallin! (Der Herr und Frau von Liebreich gehen ab.)   Job-

Jobsen.

O herrliche Frucht meines Knieriems!

Bellner.

Nun komm', Jobsen, laß uns eins tanzen.

Jobsen.

Tanzt immer zu, ihr Herren! Ich bin kein gro-
ßer Freund vom Tanzen, (bey Seite) und kann in-
dessen einen Schluck mehr thun. Die Gelegenheit
kömmt nicht alle Tage.

Kutscher.

Nun, Vater Andres, spiel' auf;

Andreas.

Nicht rühr' an, wenn ich nicht was zu trinken kriege;

Alle.

Der Teufel ist ein böser Mann,

Er stiftet lauter Unheil an;

Doch oft bedrügt er sich: Wie gut

Wirkt oft das Böse, das er thut!

Bellner.

Melisse läßt sich etwas nehmen,

Was Jungfern sich zu nennen schämen;

Und

Und sie beweinet ihr Geschick:
Doch hätte man ihr's nicht genommen,
Sie hätte keinen Mann bekommen,
Ihr Unglück ist ihr Glück.

Andreas.

Zu trinken her, oder —

Alle.

Der Teufel ist ein böser Mann 2c.

Lieschen.

Melamp, zu stetem Zank geboren,
Als er jüngst im Proceß verloren,
Verfluchte tobend sein Geschick:
Seitdem hat er den Zank vermieden,
Und lebt mit jedermann in Frieden;
Das Unglück ist sein Glück.

Andreas.

Heh! waß zu trinken her! —

Alle.

Der Wucherer Star, dem Krieg gewogen,
Der falsch gemünzt, das Land betrogen,

Schmäht

Schmählt izt im Frieden aufs Geschick;
Izt hätt' er Zeit, es zu bereuen:
Doch plagt der Teufel ihn vom neuen,
So kennt er nicht sein Glück.

Andreas.

Nun, wann wirds? wo ich nichts zu trinken
kriege —

Alle.

Der Teufel ist ein böser Mann ꝛc.

Hannchen.

Kleant versaget seinem Weibe
Spiel, Tanz und andre Zeitvertreibe,
Und sie klagt über ihr Geschick:
Doch hätt' er ihr stets nachgegeben,
Izt müßte sie vom Spinnen leben;
Ihr Unglück ist ihr Glück.

(Ans Parterr.)

Jobsen. und Lene.

Behaupten kritische Korsaren,
Der Teufel sey in die gefahren,

Die

Die unsern Teufel nicht verschmähn:
O widerlegt die Splitterrichter
Durch Beyfall, freundliche Gesichter,
Und kommt, ihn oft zu sehn.

Alle.

Der Teufel ist ein böser Mann,
Er stiftet lauter Unheil an;
Doch oft betrügt er sich: Wie gut
Wirkt oft das Böse, das er thut.

Ende des Stücks.